Louise Hompe

Van dezelfde auteur is verschenen:
'Uitgestelde Huwelijksnacht', 2010

Louise Hompe

K, en nu verder

UITGEVERIJ NOBELMAN

Eerste druk oktober 2014
© Uitgeverij Nobelman en L.D. Hompe
Foto achterzijde: Jan Buwalda

Uitgeverij Nobelman Groningen
www.nobelman.nl
ISBN 978-94-91737-084
NUR 320
Ook verkrijgbaar als e-book

 Omslagontwerp en lay-out: Sven Schriever

K,
Louise Hompe
en nu'
ver-
der

Voor Ralph en Mona

En zolang ik hier nog ben
ben ik verliefd op wat ik al niet ken,
op de gerimpelden en rimpellozen.
Er zijn geen grenzen tussen tasten
en liefkozen en verslinden.

Leo Vroman

DE GODGANSELIJKE NACHT
II HEMELS UITZICHT

Hoe kan je een groot schrijver worden?
Het antwoord is simpel. Lezen.

Jan Brokken in *Het Hoe*
Over het schrijven van romans, verhalen en non-fictie

Met speciale dank aan Jan Brokken die aan de wieg stond van dit boek, samen met mijn medeschrijvers van de schrijfclub, Marre van Dantzig, Frans van Mourik, Joyce van der Voort, Anne Peter, Marit van der Werf en Kenneth Donau.

Inhoud

Blinde vink

Kiplekker voel ik me, nog even twee weken door buffelen en mijn vakantie kan beginnen. De vlucht naar Barcelona is geboekt, de auto gehuurd en op het moment dat iedere docent in grote haast het schoolplein verlaat, start mijn keuringsseizoen als inspecteur van Friese paarden. Amposta staat als eerste op het programma. Aan de monding van de Ebro ligt het kloppend hart van de Spaanse fokvereniging. Twee zonen van een paardenhandelaar en een slim Engels sprekend meisje uit het dorp zwaaien daar de scepter. In 2008 vond er de eerste Spaanse keuring plaats in het twintigste land dat bij het Koninklijk Fries Paarden Stamboek is aangesloten.

In oktober had ik nog mijn jaarlijkse borstonderzoek en toen was er niks te zien. Met mijn familiaire aanleg voor kanker is een goede uitslag altijd reden voor een feestje. Maar ik voelde al een tijd iets wat er niet hoorde te zitten, dus gerust was ik niet. De afgelopen maanden lag ik 's nachts bezweet wakker terwijl ik mijn borst betastte en vroeg me angstig af of ik niet naar de dokter moest. Uiteindelijk toch maar de stoute schoenen aangetrokken en nu wacht ik in spanning op de uitslag van de bioptie die van mijn borst genomen is.

'Wij adviseren u een borstbesparende operatie, verwijderen van de poortwachtersklier en dertig bestralingen.'

Uit de mond van een gebruinde, blonde co-assistente klinkt het als een huishoudelijke mededeling, hoewel ze ons begripvol aankijkt. Ik had vooraf stoer gezegd dat ik met het ergste rekening zou houden maar nu slik ik toch even een snik weg. Ralph en ik kijken elkaar vertwijfeld aan.

'Kunnen we niet eerst op vakantie, we hebben hard gewerkt en dan zijn we misschien beter uitgerust? We willen nog naar een house-warming party nabij Carcasonne gaan en een bezoekje brengen aan vrienden vlakbij Laroque. We hopen op uitstel van excecutie.'

De verpleegkundige verdwijnt naar de gang en ik hoor iemand roepen;

'Geen sprake van, direct laten helpen, de tumor groeit snel!'.

Ze laten ons even alleen om op adem te komen. We krijgen een afspraak over een week om het behandelplan te bespreken en ik hoor ze zeggen dat de operatie over anderhalve week zal plaatsvinden. Ik denk aan het antieke caravannetje dat vrienden voor ons klaar hebben staan in Frankrijk en loop versuft met Ralph door de met kunst versierde gang van het UMCG. Overal in het ziekenhuis hangen bijzondere kunstwerken en genieten tropische planten en bomen van de weldadige warmte. Fonteinen langs terrassen geven de indruk dat je aan een zwembad een kopje koffie drinkt. De bodemtegels zijn voorzien van teksten en mozaïeken; ik ontcijfer troost, bemoediging, genezing. Aan de wand steekt een paardenhoofd uit de muur met een half lichaam, één been met hoef en één met een naaldhak.

Ik voel me nog geen kasplantje en werk gewoon door. Een klein groepje collega's weet het, ik heb geen zin om aan iedereen tekst en uitleg te geven. Verdwaasd loop ik door de gangen van de school en probeer me op mijn werk te concentreren. Thuis zit ik in sarong achter de pc als de bel gaat. Onze negentigjarige buurvrouw hoor ik tegen Ralph zeggen dat ze me even wil spreken. Even niet, roep ik. Ralph bonjourt haar listig weer het trapportaal in. 's Middags installeer ik me buiten met een boek en ja, ze heeft me gespot. Via het gangetje achter onze tuinen komt ze met een doos gebak aanlopen. Zonder iets te vragen barst ze los.

'Je weet dat ik twee dochters verloren heb, allebei aan kanker. Bij Ella is alles mis gegaan. Haar man is nu nog bezig met de aanklacht. Het duurde uren voordat hij gebeld werd. Ze hebben haar hart geraakt en nu is ze dood.'

'Het lijkt me bijna onverdraaglijk om je eigen kinderen te overleven.'

Ze is nog lang niet uitgepraat, kijkt in de verte en is weer terug bij haar dochter.

'Mijn collega komt zo, dus ik heb niet zoveel tijd.'

'Ben je nog aan het werk, nee toch? Dat is een schande! Dat ik als oude vrouw nog blijf leven en dat jullie zo jong al ...'

Een week later zit ik om half twaalf 's ochtends, vier hoog op de chirurgische oncologieafdeling achter een blinde vink met doperwtjes, gekookte aardappels, sju, appelmoes en gele vla. Verlangend denk ik aan de paëllapan van een meter doorsnede die vorig jaar op de keuring in Amposta het hoogtepunt vormde. Kortbenige mannetjes waren er dagen druk mee geweest. Een heerlijke mengeling van Kingsize tijgergarnalen, Valenciaanse mosselen, pittige kippenpootjes, doperwtjes en saffraanrijst die met koppige witte wijn werd geserveerd. De keuring werd er drie uren voor stopgezet tot ontzetting van mijn collega juryleden die gewend zijn aan 'Friese' tijden en gewoonten. Je hoort gewoon door te keuren, in één ruk, een broodje tussendoor is voldoende.

Hollandse pot is niet bepaald mijn favoriete eten en met moeite werk ik de taaie donkerbruine drol naar binnen. Boven het binnenterras waait een fris windje, het dak opent automatisch als de zon zich laat zien. Als de traumahelikopter overvliegt sluiten de panelen automatisch, anders zou het eten van je bord waaien. Het UMCG is voorgedragen voor de Hedy d'Ancona architectuurprijs in de gezondheidszorg, lees ik in een NRC-artikel over de geneeskracht van fraai uitzicht. Mooie lampen en mobielen hangen in de brede, lichte gangen waar aan beide kanten de wachtkamers van de poliklinieken gevestigd zijn. Alles ademt transparantie door gebruik van glas en zoveel mogelijk daglicht, iedere kamer is voorzien van uniek meubilair, steeds in een andere kleur en stijl. Er is een winkelstraat met een geldautomaat, een supermarkt met bekende naam, kapper, reiswinkel, restaurants en een boekhandel. Er werken 11.000 mensen en daarmee is het UMCG de grootste werkgever in het Noorden, een dorp op zich.

Mijn bed is nog niet vrij dus ik moet wachten en zet mijn koffertje achter de balie. Ik laat bloed prikken, twee dames plaatsen een draad in mijn borst zodat de chirurg kan vinden waar ze moet zijn. De assistente vertelt me dat ik de volgende dag om tien uur geopereerd zal worden. Op mijn kamer liggen twee vrouwen en een jonge, Friese muzikant. Hij is aan zijn laatste chemokuur bezig en mag morgen naar huis. Tegenover mij ligt Fennie uit Assen, zij is het wandelend nieuwsblad, ze heeft zo'n beetje alle enge dingen meegemaakt waarover je wel eens nachtmerries hebt of die je met half dichtgeknepen ogen in een bloederige ER-aflevering ziet. Ze heeft alles bij elkaar anderhalf jaar in het ziekenhuis doorgebracht, ze ventileert haar ziekteverleden luid, duidelijk en ongevraagd. Twintig jaar geleden heeft ze ruggemergkanker gekregen, ze is nu half verlamd door een dwarslaesie.

Ria uit Hoogeveen, een gezellige dikkerd flankeert me, haar familie komt in grote getale en blijft lang. Haar man is vrachtwagenchauffeur en ziet eruit als een lekkere knuffelbeer. Ria voelt zich erg ziek, ze heeft haar derde buikoperatie achter de rug. Na twee mislukte ingrepen in het provinciale ziekenhuis in Hoogeveen is ze 'gered' van een paar nietjes en infecterende matjes die de heren doktoren hadden achtergelaten. Ik hoor haar naast me puffen, zweten, kuchen en scheten. Verbijsterend vind ik de opgedrongen intimiteit in onze kamer. Verplegers komen en gaan en houden zich bezig met het verstrekken van medicijnen, verwisselen van infusen, bedden verschonen, temperaturen, wassen, po's onder billen steken en af en toe een praatje maken.

Fennie roept met een krakende stem:

'Ik maak zo gemakkelijk contact.' Dat zeggen alle patiënten.

'Bent u zenuwachtig voor de operatie? Je moet die bestraling niet onderschatten, de gevolgen kunnen jaren later pas zichtbaar worden, dat hoor je wel aan mijn stem!'

Ik grijp mijn headset en zet de tv aan om me af te sluiten voor haar gekwek. Daar komen de voedingsassistentes al weer binnen, half zes 's avonds. Ik kies voor yoghurt, een boterham met kaas, een cracker met appelstroop, een kopje thee en een glas water. Mijn kamerbewoners kijken jaloers naar me, eetlust hebben zij al tijden niet meer. Ralph komt binnen, zijn handen vol met alweer nieuwe post, een fruithapje en de krant. Hij ziet bleek en heeft wallen onder zijn ogen. Hij zal morgen na de operatie door de chirurg gebeld worden. Ik loop met hem naar beneden, buiten is het nog bloedheet. Patiënten aan 't infuus en zuurstofslangen, staan hun laatste sigaretje te roken voordat de ziekenhuisnacht om tien uur ingaat. We durven de mogelijkheid dat ik niet uit de narcose zal ontwaken, niet uit te spreken. Ik druk mijn borsten nog eens stevig tegen hem aan. De zwoele avond nodigt uit tot boemelen langs terrasjes. Onwennig zoenen we elkaar, ik zwaai hem nog na en door de glazen pui zie ik hem weglopen, hij draait zich niet meer om.

In mijn hoofd is het een wildernis van tegenstrijdige gevoelens en gedachten. Natuurlijk overleef ik die kanker, ik ga die cellen als een leeuw te lijf. Mijn moeder was binnen zes weken dood nadat ik haar 'gezond' naar het ziekenhuis bracht. Zo snel kan het gaan. Kanker zit in de familie. Waarom heb ik dan toch niet meegedaan aan dat genetisch onderzoek, een aantal jaren geleden?

De afgelopen week stond de telefoon roodgloeiend, net als ik neergelegd had, ging ie al weer. De bloemist bracht iedere dag wel een boeket. Ik ontving tientallen kaarten, wat me confronteerde met mijn overdrukke bestaan. Ralph liep zenuwachtig rond, bezorgd, ik mocht niks doen. Koortsachtige, half wakende nachten met te weinig slaap. Zal de tomeloze energie me in de steek laten, als ik het al overleef? Wat moet ik met de schrijfclub in Amsterdam, het heen en weer reizen vanuit Groningen kostte me het laatste jaar - als ik eerlijk ben – meer moeite dan ik mezelf wilde toegeven. Zal ik ooit nog flamencodansen, krijg ik mijn arm nog omhoog na de operatie? Blijft mijn bh dan wel zitten? In maart had ik mijn laatste keuring in het buitenland; mijn volgende verre reis zou naar Australië, Nieuw Zeeland en Tasmanië zijn, gecombineerd met een bezoek aan Sulawesi, om mijn oude vriendin Bian op te zoeken en haar mijn boek te bezorgen. Kom ik ooit nog in Indonesië? Mijn full-time baan die op me wacht, kan en wil ik me daar nog op storten?

De reizen die ik gemaakt heb, kunnen ze me niet afnemen en ook mijn boek is uit, vlak voor mijn ziekte, toeval bestaat niet. Ik heb tenminste niet gewacht tot mijn pensioen om van het leven te genieten, dat is een geruststellende gedachte. Om alle fotoboeken van onze reizen te bekijken, zou ik weken nodig hebben. Ralph is acht jaar ouder maar hij overleeft mij vast, zijn vader werd 92, het is een sterk geslacht. Hij vroeg de arts wat mijn overlevingskansen waren, waarop de man antwoordde dat daarover weinig te voorspellen valt... De komende vijf jaar zal je hier vaak over de vloer komen, mompelt de *nurse practitioner* en de medisch psycholoog drukt me op het hart dat ik een levensbedreigende ziekte heb, ook al voel ik me niet zo, ze kijkt me daarbij doordringend aan.

Ik kom wat dromerig bij uit de narcose, niet onprettig, ik heb de adviezen van mijn vriendin opgevolgd en me voorgesteld dat ik op het eiland Bunaken aan het snorkelen ben voordat het lachgas gaat werken. Een paar uur later lig ik weer op zaal en sluipt Ralph binnen. Ik zie aan zijn gezicht dat er iets is. Als ik ernaar vraag, antwoordt hij ontwijkend. De chirurg komt langs en vertelt mij dat ze ernstig twijfelt of ze wel alles heeft kunnen wegnemen. De kweek zal uitkomst brengen, pas over twee weken krijg ik de uitslag.

In het bed tegenover me ligt Cora, een echte *stadjer* uit de Oosterparkwijk. Een vrouw met dun grijs haar, een breed hoofd dat direct op de romp geplant lijkt, de nek heeft de schepper vergeten. Haar buik hangt tot onder haar vagina. Ik ben zo gefascineerd dat mijn blik steeds weer naar haar toe getrokken wordt. Ze kan nauwelijks liggen, als ze wil draaien moet ze zichzelf met geweld omduwen, ze hangt op het bed met haar benen bengelend vlak boven de vloer. Ze is aardig en praat plat Gronings; ze moet morgen twee operaties ondergaan, een schildklieroperatie en een baarmoederverwijdering. Ze kijkt me hulpeloos aan terwijl ze het zweet van haar voorhoofd wist.

De halve finale tussen Nederland en Uruguay brengt de afleiding die ik nodig heb. Het is de eerste wedstrijd die ik zie en ik vind het heerlijk om heel fanatiek mee te schreeuwen, hoewel voetbal me niet interesseert. Ik ben de enige op onze kamer die tv heeft, de anderen vinden het te duur. Buurvrouw Ria kan nét met een schuin oog meekijken en volgt met de koptelefoon het commentaar van de radio. De dames tegenover genieten via ons mee. De verpleging glipt af en toe onze kamer binnen, ze zijn blij met een beetje vertier. Morgen mag ik naar huis. Cora zou de volgende ochtend al om tien uur geopereerd worden, maar er is een spoedgeval tussengekomen, ik laat haar in paniek achter.

De wond valt mee, een streepje van tien centimeter, aan de onderkant van mijn borst mist een stukje. Ik wil toch een beetje genieten van de zomer en ga naar ons boshuis in Ommen. Onverwacht komen mijn twee broers samen op bezoek, zonder partner of kinderen, dat is nooit eerder voorgekomen. We maken een boottochtje op de Vecht en zien het rivierenlandschap aan ons voorbijtrekken, roodbonte en zwartbonte koeien liggen loom onder de eikenbomen op de glooiende groene weiden. Hoe prachtig is de kleinschalige landbouw. We passeren Saksische boerderijtjes met rieten daken, lisdodden en waterlelies sieren de waterkanten en meerkoetjes kwetteren. We varen langs rieteilandjes met broedende eenden. Even lijkt het of we terug zijn in het tijdperk van Paulus Potter, het was al in 1650 dat hij het schilderij *de Stier* schilderde. Jacob Cats dichtte:

> *'Veracht ons Holland niet, wij hebben schoone koeyen,*
> *daer uyt dat soete-melck en room en boter vloeyen.'*

De romantiek is van korte duur want mijn mobiele telefoon gaat over, het is de *nurse practitioner,* die meldt dat de uitslagen er zijn, een week eerder dan verwacht en dat ik me de volgende dag in het ziekenhuis moet melden. Ons uitje is in één klap verstierd.

Een slapeloze nacht volgt met inmiddels bekende doemgedachten en *worst case* scenario's. De werkelijkheid is erger dan de nachtmerrie.

'U heeft een tumor van vijf bij vijf en uitzaaiingen in de poortwachtersklier dat is de klier boven het borstbeen, de voorspeller voor uitzaaiingen van kankercellen. Uw borst wordt geamputeerd en uw lymfen verwijderd. U boft! U kunt binnen een week geopereerd worden.'

'Wil ik dat, moet ik niet een *second opinion* vragen?' spookt het door mijn hoofd. Mijn goede vriendin met dezelfde last 'loopt' bij het Antoni van Leeuwenhoek in Amsterdam. Moet ik daar ook naar toe? Ze zei nog, ik wil de beste zorg die er is, dat wil jij toch ook?

Als een echo hoor ik de stem van mijn *nurse practicioner:* 'We denken dat u het al vijf jaar bij u draagt.'

Dat wordt even tussen neus en lippen gezegd, terwijl mijn borsten ieder jaar gecontroleerd zijn. Die trekkende steken in mijn oksel waarvan ik dacht dat het bij de overgang hoorde en die pijnlijke bobbels bij iedere ongesteldheid waren vast en zeker een voorteken.

'U heeft zo'n dicht borstweefsel, daar kan geen foto of echo tegenop.'

Maar waarom dan geen MRI of PET-scan of zijn jullie daar te zuinig voor, waarom snap ik nu pas wat mastopatische borstweefsel is en wat voor risico dat met zich meebrengt? Ontbrak er niet wat aan de voorlichting?

Ralph ziet lijkbleek en roept dat hij niet zonder mij kan leven, vrienden en familie reageren geschokt. Binnen vierentwintig uur moet ik bellen met het ziekenhuis of ik de operatie volgende week wil doorzetten, of ik mijn lichaam wil laten verminken. Ik weet dat ik 100 % achter mijn besluit moet staan, anders blijft dat mijn hele leven in mijn hoofd zeuren. Ik bel de medisch psycholoog, precies om half negen als haar laatste werkdag voor de vakantie begint. Ze hoort aan mijn stem dat het goed mis is. Ze stelt heldere vragen waardoor ik rustig word en weer na kan denken, de paniek verdwijnt. Ze stimuleert me om onzekerheden uit te zoeken. Wat een heerlijk mens, nuchter en behulpzaam. Ik neem contact op met het AvL en wordt uitstekend geholpen door de informatrice die met me meedenkt.

'Waar bent u in behandeling, in het UMCG? Dat is een uitstekend ziekenhuis, doet mee aan alle wetenschappelijke onderzoeken. Onze wachttijd voor een second opinion duurt twee weken. Mailt u eerste de uitslagen!'

Waarom heb ik mijn eigen medisch dossier niet opgevraagd? Ik durfde het niet en hier zit ik dan, feministe van het eerste uur, te haspelen. In de boekjes die ik opgestuurd kreeg van lotgenoten, stond duidelijk dat je er recht op hebt.

'De wachttijd voor een operatie is daarbovenop nog eens zes weken', vervolgt ze. Hoe kom ik die tijd door? Elke dag op en neer naar Amsterdam als ik bestraald moet worden, vijf weken achter elkaar. Ik bel een bevriend radioloog die me op het hart drukt dat ik me echt nu moet laten opereren en hij legt uit dat de behandelingen in beide ziekenhuizen niet zo veel van elkaar verschillen, die tumor

23

moet er toch uit. Ik bel het ziekenhuis, ja ik wil geopereerd worden.

Het circus begint opnieuw. Het is echt waar, vandaag opnamedag in het ziekenhuis voor operatie nummer twee en verdomd: ik krijg weer een blinde vink met gekookte aardappelen, sju, boontjes, appelmoes en gele vla. Het werkt op mijn lachspieren maar niet op mijn eetlust. Mijn chirurg, mevrouw dokter Jansen, is op vakantie. Dokter de Vries, een goddelijk ogende man á la Dr. Kildare met een vriendelijke blik, moet het kunststuk leveren. Ik smeek hem om mij netjes dicht te naaien en ik begrijp van hem dat het litteken dwars vanaf mijn borstbeen tot aan mijn rug zal lopen. Ook deze keer is het om en nabij de dertig graden. De afdeling onder de wolkenhemel is tijdelijk gesloten waardoor ik op de trauma-afdeling lig met een dicht dak. Hier geen kale hoofden maar gebroken benen en armen en verkeersslachtoffers. Hoera, ik heb een kamer alleen, met uitzicht op een hijskraan en gespierde bouwvakkers die materialen in en uit een raam van een naburige vleugel sjouwen. André Hazes schalt uit de radio en Dire Straits natuurlijk. De kraanmachinist is beslist muzikaal, hij zingt luidkeels mee.

De misselijkheid en stekende pijn in mijn borst zijn bijna ondragelijk, als ik uit de operatie ontwaak. Slangen en flessen hangen uit mijn lijf en dan nog het infuus aan mijn hand. Paniek, ik heb een lamme arm, er zit geen gevoel meer in. Ik val weg en als ik weer wakker word moet ik overgeven, zomaar zonder waarschuwing. Na twee uur mag ik terug naar de kamer. David is de verpleger voor de dag, hij is een opgewekte vent, keurig gekapt, ongeveer vijfentwintig; hij bekent geen verstand te hebben van afgezette borsten. Vanavond werkt Yvonne van de oncologie. Ze heeft appelwangetjes en een blonde staart, samen bekijken we de wond, er zit een gaasje overheen. Al lig ik hier maar drie etmalen, de verpleging is al bijna familie. Ze zien je wakker liggen in de duistere nacht en vechten tegen de tranen. Ze ondersteunen je als je strompelt naar de WC en stiekem onder je t-shirt kijkt. Als er bezoek komt doe ik mijn best om monter en opgewekt te zijn. Blij dat ik de narcose weer overleefd hebt zonder verlammingen en dat de misselijkheid langzaamaan dragelijk wordt. Naar is dat gapende gat en de gevoelloosheid van de oksel en de bovenarm, het gevoel dat je jeuk hebt aan je tepel die er niet meer is. Ze willen me al weer kwijt, twee dagen na de operatie. Mét drain word ik naar huis gestuurd. Dat ging vroeger anders, dan bleef je zeven dagen totdat de drain niet meer nodig was. Bang voor ontstekingen zijn ze nog steeds maar je moet het zelf in de gaten houden.

Met instructie en reserveflessen ga ik naar huis. Lekker mijn eigen bed en geen blinde vinken meer. Na een dag komt er niks meer bij in de fles, ik moet bellen als de drain verstopt zit. Laat het nu net weekend zijn, ik kan geen contact krijgen met mijn eigen chirurg en moet 'de spoed' bellen. Kom morgen maar langs om elf uur. Daar aangekomen zijn de resten van de wilde zaterdagnacht nog te ruiken en te zien. Politieagenten maken proces verbaal op. Jongemannen met harde ogen en buiken, met tattoos op armen en benen, zitten onverschillig met een flesje cola of hun telefoon te spelen. Er zijn weer klappen gevallen en misschien was er ook wel een wapen bij. Veel dokters en verplegers lopen jachtig heen en weer, in witte jassen op klompen. Een spoedgeval komt tussendoor, sommige patiënten hebben hun hele familie meegenomen. 'Wou je cola of sinas?' schreeuwt een van de tattoos. 'Zet die TV aan!' Een verwend kind met minstens twintig kilo overgewicht zeurt om een Mars. Ik ben gelukkig snel aan de beurt. Een piepjong co-assistentje knipt resoluut de slang van de fles door zodat er geen vacuüm meer is. Daarna drukt ze het vocht uit mijn lijf en hangt ze een zakje aan de wond. Opgelucht ga ik naar huis om daarna in de tuin met twee vriendinnen in het zonnetje, een kussen onder mijn arm, van de vrijheid te genieten; het leven lonkt. Dat gevoel duurt niet lang want het vocht en het bloed hoopt zich weer op, alsof er een ballon op mijn borst en oksel drukt. Slapen is daardoor een onmogelijke opgave. Dinsdag opnieuw naar het ziekenhuis, naar mijn nurse practitioner meneer Kees, die meteen roept:

'De spoed had de drain beter niet door kunnen knippen, wat een sufferds.'

Daar heb ik echt iets aan, hij probeert weer af te tappen maar er komt niet meer
dan 0,2 liter uit.

'Ik kan me niet voorstellen dat u daar opgelucht van wordt en we prikken liever
niet, dat levert infecties op.'

'Maar voor hoelang?' vraag ik wanhopig.

'Het gaat een keer weg, is het niet binnen een maand dan wel binnen drie maanden.'

Als ik eenmaal weer thuis ben vraag ik me af waarom de co-assistent via de spoedeisende hulp niet beter geïnstrueerd is. Inmiddels heb ik van alle kanten tips gekregen, boekjes ontvangen, theetjes, en links naar internetsites van lotgenoten. Een vrouw vertelt dat de tepel voorlopig in haar lies genaaid is zodat deze later bij een hersteloperatie teruggezet kan worden. Waarom heeft niemand me dat in het ziekenhuis gevraagd? De chirurg zei alleen dat hij vel zou laten zitten voor 'later', meer liet hij niet los. Ik kan niet meer warm worden terwijl het zonnetje schijnt en ik duik mijn bed in. Het duurt een halve dag onder twee dekens voordat ik warm word en dan is het ineens té warm. Ik heb inmiddels 38,7! De zwelling voelt bloedheet terwijl ik niet kan zweten.

De volgende dag zakt de koorts maar de zwelling neemt toe. Ik ga toch naar ons boshuis, weg van de stad, waar iedere stap die ik zet wordt gevolgd door buren, vrienden en liefhebbende familieleden. Goed bedoeld, maar liever niet allemaal tegelijk. Ik wil mezelf zijn, niet alleen maar een patiënt, laat me met rust! Op naar Ommen waar ik alleen mijn oudste zus uitnodig, hoewel ze me op het hart drukt dat het niet hoeft, maar haar stem klinkt smekend en ik weet dat ze zichzelf opvreet als ze me niet even heeft gezien.

Kipfileetje

Meneer Kees informeert Ralph en mij over de uitslagen van het lab voordat hij op vakantie gaat. Er zijn 19 lymfeklieren verwijderd waarvan twee met uitzaaiingen, daar komt de poortwachtersklier met uitzaaiingen bij. De snijvlakken zijn schoon en mijn kanker is 'gemiddeld agressief' en 'hormoongevoelig'. Dat betekent vijf jaar hormoonbehandeling.

'U wordt pas genezen verklaard na tien jaar' antwoordt Kees als Ralph naar mijn overlevingskansen vraagt. 'Je weet nooit of en waar een kankercel zich nestelt.' Kees is kennelijk aan vakantie toe, hij reageert ongeduldig op onze vragen en doet een tikje arrogant, ik krijg het nummer van de pieper van zijn collega mee. We verlaten gedeprimeerd het ziekenhuis. Thuis meldt mijn vriendin dat het juist positief is als je hormoongevoelige kanker hebt, je hebt immers meer mogelijkheden om de aanvallen van nieuwe kankercellen te bestrijden. De bijwerkingen van de medicijnen neem je op de koop toe. Op de site van de Amazones, de vrouwen met één borst, lees ik iets anders: je overlevingskansen zijn maar 5 % hoger. Sommige vrouwen hebben die bijwerking er niet voor over.

De dag dat ik ontslagen werd uit het ziekenhuis,

toonde een speciale borstmevrouw mij hoe borstprotheses eruit zien. In haar winkelwagentje lag van alles; pikant ondergoed en protheses; donkerbruin voor zwarte mensen, vleeskleurig lichtbruin voor de middenmoot en lichtroze voor de bleekneuzen. Ze gaf me ook een tijdelijk wattenkussentje mee dat ik in mijn bh moest stoppen en dat helemaal bol stond. Ik voelde me net een barbiepop en gooide het thuis meteen weg.

Door de zwelling van de wond is het de eerste weken onmogelijk om een bh te dragen maar het deert me niet. Na het aftappen van in totaal drie liter vocht begint het een beetje te wennen en ga ik maar eens naar de bh-winkel om me te verdiepen in de prothese. De mevrouw in de winkel helpt me en waarschijnlijk doet ze dit werk dagelijks, het siliconengeval van 529 gram – onder lotgenoten ook wel het kipfileetje genoemd – past perfect. Het resultaat mag er zijn, optisch is er geen verschil te zien, alleen als je er tegen duwt voelt het steviger dan de échte tiet. Een decolleteetje zit er niet meer in maar een strak truitje behoort weer tot de mogelijkheden.

Mijn lichaam protesteert wel tegen alle veranderingen die het in korte tijd moet doorstaan. De oksel begint weer gevoel te vertonen maar mijn bovenarm is dik en rond het litteken is het weefsel verkleefd. Voor lymfedrainage ga ik naar een gespecialiseerde fysiotherapeut. Met subtiele massage en het plakken van tape moeten de andere lymfen de afvoer van vocht en afvalstoffen overnemen. Het helpt geweldig en ik kan mijn therapeute wel zoenen. Wat 'heerlijk' dat ik nú kanker heb en niet dertig jaar geleden. Mijn tante moest met een enorme dikke arm door het leven omdat er toen geen behandeling mogelijk was. Plots verschijnt er een felrode plek achter het litteken; ja, toch maar weer naar het ziekenhuis. Een zware penicillinekuur volgt en dat glaasje wijn waar ik zo'n zin in had, moet nog even wachten.

De kaarten blijven komen en de teneur is vooral dat een sterke vrouw als ik het zeker zal gaan redden. Een gekke boodschap want je kan kanker niet overwinnen, wel overleven maar dat is een kwestie van geluk en niet van kracht. Natuurlijk bevorder je het genezingsproces als je karakter toont en niet bij de pakken neer gaat zitten. Ik vind dat het tijd is voor een uitstapje, even niet ziek zijn. De keus valt op een autotochtje via de graan- en strovelden van oost Groningen en dan met het pontje naar Emden. Op het land is hier en daar geoogst en ligt de zwarte omgeploegde aarde klaar voor de winter maar er staat ook nog goudgeel graan te wuiven zover het oog reikt. Door de aanhoudende regen zijn delen platgeslagen en combines maken overuren om de oogst te redden. Vandaag is er gelukkig een zonnetje dat het land overgiet met romantiek. In de verte zien we de pijpen van de aluminiumfabriek van Delfzijl. De fabriek zal binnenkort sluiten en dan zal de werkloosheid nog verder toenemen. We passeren de Blauwe Stad, een prestigieus project waarvoor duizenden hectare vruchtbaar bouwland onder water zijn gezet tot verontwaardiging van de boeren die hier generaties lang hun dierbare land bewerkt hebben. Dure adviseurs in Armani-pakken beloofden gouden bergen en wisten het provinciebestuur vele miljoenen euro's lichter te maken. Landelijk werd publiciteit gemaakt voor chique villa's en landgoederen die je hier zou kunnen bouwen, met aanlegsteiger, eigen oprijlaan, rust en ruimte. De afstand naar de Randstad zou je volgens de plannenmakers in anderhalf uur overbruggen als de zweeftrein naar het westen eindelijk gereed zou zijn. De koningin kwam de openingshandeling verrichten, maar het mocht niet baten. Van de tweeduizend geplande woningen zijn er nu tweehonderd gerealiseerd. De dure folders liggen op stapels bij het informatiecentrum, de mannen in pak zijn verdwenen en de bewoners van de omliggende dorpen vragen zich vertwijfeld af waar die werkgelegenheid nu blijft. Terwijl ze vroeger hun lot in handen van de communistische partij van Fré Meis legden, hebben ze nu massaal op de PVV van Geert Wilders gestemd.

Vlak voor de grens met Duitsland ligt het bronnenbad Fontana, dat wél een succes is geworden, al duurde dat een paar jaar. Frisse, blonde dorpsvrouwen- en mannen werken er in de schoonmaak, de horeca en in de *natürliche Körperkultur*. Minstens de helft van de bezoekers zijn Duitsers die een bezoek aan het bronnenbad van de verzekering vergoed krijgen.

Wat is het heerlijk om zorgeloos het landschap aan me voorbij te laten glijden. De eerste stop is Westeremden, de bakermat van Henk Helmantel, de meesterschilder van stillevens die geweerd wordt door de moderne musea. Hij heeft een eigen expositieruimte, gevestigd in een pastorie uit de zestiende eeuw. Het dorpje ligt op een terp in oud cultuurlandschap, onveranderd sinds de middeleeuwen. Grijze dames in zwierige rokken op kuitlengte en platte hakken wandelen vanuit het parkeerterreintje voor ons uit, opgewonden pratend; ze hopen de kunstenaar in levende lijve te treffen. Hij woont zelf aan de voorzijde van het pand. In de boomgaard met oude, hoogstammige fruitbomen staan tafels en stoeltjes uitnodigend om een kopje thee of koffie uit ouderwetse thermoskannen te nuttigen. De zon vestigt de aandacht op de kweeperen die al rode wangen krijgen, een nieuw aangeplant abrikozenboompje heeft definitief geworteld in de kleigrond. Twee walnotenbomen staan majestueus voor de ingang van de expositieruimte. Aan de noordzijde van het pand ligt achter oude knotwilgen het aangrenzende kerkhof, waar oude grafstenen nog nét overeind staan. Binnen wordt je blik getrokken naar de griezelig echt lijkende schilderijen, het fruit is zó levend dat het water je in je mond loopt. De kleuren grijs, groen, paars hebben een oneindige variëteit en ieder schilderij lijkt het licht te vangen. Baardige Helmantel met wilde grijze haren is gespot en de dames omringen hem met bewonderende blikken en vuren pientere vragen op hem af, een aantal zitten op een schilderclub en willen alles weten over de verf en de techniek. Wij wandelen het pand weer uit, verstild en verlicht. Het is waar wat een collega en lotgenoot schreef; alle uitstapjes die ze maakte, nadat ze kanker kreeg, alle tentoonstellingen die ze bezocht, staan haar nog steeds scherp voor ogen. Ze kan de schilderijen nog uittekenen, alle indrukken komen indringend binnen, zo als de horizon op een heldere dag in de verte zichtbaar blijft, alsof je naar het einde van de aarde kijkt.

Na het ziekenhuis ben ik blij dat ik eindelijk die horizon weer zie, al moet ik niet vergeten mijn pillen te slikken en mijn rechterarm op een kussen te laten rusten, zodat de arm niet gaat zwellen. Mijn platte borst verberg ik onder een trainingsjack. Alles voelt anders. Dat kipfiletje komt wel als de zwelling is afgenomen.

De binnenweg van Nieuweschans naar Emden leidt

ons langs de Duitse kant van de Dollard. Het slib van de Ems maakt de grond vruchtbaar en graan, uien, bieten en aardappelen gedijen hier goed. De wieken van de hoge windmolens werpen hun schaduw over het land. In Duitsland hebben de *Grünen* meer voeten aan de grond gekregen dan bij ons. Wind-en zonne-energie vormen hier al een economisch belang van betekenis waar de Hollanders zijn blijven steken in polderdiscussies over de horizonvervuiling, het lawaai en het welzijn van de vogels. Alle boerderijen zijn eentonig uit dezelfde donkerrode baksteen opgetrokken, dit is Ost- Friesland. Op de erven is het stil, in de verte razen trekkers en combines over het land, grote stofwolken achter zich latend.

Mijn hartsvriendin vergezelt ons op onze trip, zij moet om andere redenen dringend even afkicken. Als producer bij de tv zit ze in de eindfase van een megalomaan project en wordt dag en nacht belaagd door mannen met enorme ego's. Ze zou een paar dagen niet gestoord worden maar daar houdt niemand zich aan. De telefoon kan ook uit, roep ik vrolijk. Wat een contrast tussen mijn kleine wereldje en haar werkdagen die van 's ochtends negen tot 's avonds negen zonder oponthoud gevuld zijn. Eten doet ze op het werk dus *cocoonen* met haar partner zit er de laatste maanden niet in. Ik riep haar ernstig tot de orde toen ik merkte dat ze aan het doordraaien was. Je denkt dat je door moet en weet van geen ophouden, alsof je leven ervan af hangt. Niemand kan je stoppen totdat je lichaam of geest het begeeft en dan is het te laat. Een burn-out ligt op de loer. Afstand nemen lukt natuurlijk niet met je mobiel op zak in trilfunctie. Uit met dat ding en ervaar de leegte van het grensgebied tussen Groningen en Ostfriesland, het niemandsland.

We koersen aan op Ditzum, vanwaar een veer ons naar Emden zal varen. Verrassend authentiek is het dorpje, op de pont passen precies twee auto's, ze moeten achteruit het dek oprijden. De schipper wacht geduldig totdat wij de sluis en houten havenhuisjes bezichtigd hebben, niemand heeft haast. Hij praat *Plattduutsch* wat bijna overeenkomt met het Gronings. Slechts een ketting scheidt onze auto van het water. We varen een stuk over de Ems, het pontje lijkt nietig naast de immense containerschepen die voor ons opdoemen.

Emden was vroeger een Hanzestad toen alle schepen op weg naar de Oostzee haar haven aandeden. We kiezen een hotel met uitzicht over het water. Een oudbollig scheepsinterieur en meubilair met bloemetjesmotief heet ons welkom. Het eten is daar *ganz toll,* vertelde een voorbijganger ons. We worden bediend door jonge meisjes die eruit zien als oma's met een wit Saartjesschort voor en degelijke schoenen onder bruine nylonkousen. De vis is vers en ik mag eindelijk aan de drank, het leven is bijna normaal. 's Nachts is die opgeblazen borst en oksel er weer. Ik blijf draaien, lig ongemakkelijk op mijn rug met een kussentje onder mijn arm, waardoor ik niet gezellig tegen het lijf van Ralph kan aanschurken.

De *Kunsthalle* is het einddoel van onze mini-vakantie en ik ben ontroerd door de aanblik van de rode en blauwe paarden van Franz Marc. De tranen stromen over mijn wangen. Marc schilderde vooral dieren in felle kleuren; blauw vertegenwoordigt het mannelijk principe, stug en geestelijk; geel het vrouwelijke, zacht, vrolijk en zinnelijk.

Ik vier het leven alsof de dood me op de hielen zit.

Oranjebitter

Sofie heet ze, een nuchtere Drentse uit Coevorden met blauwe priemende ogen. Ze licht ons voor over de chemo's die ik zal ondergaan. Alles wat ze nu zegt staat ook in de pakken papier die ik meekrijg, voor thuis. Ze heeft een pieper en ik mag haar altijd nou ja, tijdens kantooruren, bellen. Ik krijg een lijst met indicaties wanneer ik haar móet bellen. Een hele waslijst van mogelijke klachten aan handen, voeten, luchtwegen, huid, mond. Ze is bijna een uur onafgebroken aan het woord. Flarden van zinnen echoën in mijn hoofd.

'Gelukkig zijn er medicijnen tegen de misselijkheid zodat vrouwen niet meer zoals vroeger dagen boven het toilet hangen. Vrijen mag tijdens de chemo, maar wel met condoom. Het toilet moet met gesloten deksel twee maal worden gespoeld en u moet de wc elke dag reinigen met handschoenen aan. Ondergoed apart wassen...'

'U raakt zeker uw haar kwijt en u moet minstens twee liter per dag drinken, zorg er voor dat uw maag nooit leeg is, al is het maar een kommetje yoghurt.'

Bij de chemo werken ze altijd volgens een vast

patroon: bloed prikken, een half uur wachten, gesprek met de oncoloog over de bloedwaarden en de medicatie tegen misselijkheid. Als er groen licht is voor de chemo wordt het recept naar de apotheek gestuurd, de cocktail wordt aangemaakt. Een uur wachten en dan naar het dagcentrum op de eerste verdieping waar een aantal ruimtes zijn ingericht met ligstoelen, zo'n zes per kamer en een paar eenpersoonskamers met een bed. De eerste keer krijg ik een eigen kamer zodat alles in vertrouwelijke sfeer kan worden uitgelegd. Ralph, de trouwe engel, vergezelt me. Als alles goed gaat zal ik zes chemo's krijgen, eenmaal per drie weken.

Eén verpleegster doet alle handelingen en er komt een ander voor de voorlichting, Ynskje. Zij geeft mij tips waar ik later profijt van kan hebben.

'Het laxeermiddel dat je is voorgeschreven vind ik zelf niet prettig, je krijgt er een opgeblazen gevoel van en de krampen zijn erg heftig. U kunt beter poeders vragen, zeker als u last krijgt.'

De hygiënevoorschriften waar Ralph het zo benauwd van krijgt, moet ik maar niet zo nauw nemen. 'Vrijen zonder condoom kan best, na zeven dagen is de chemo uit je lijf getrokken', vertelt ze.

'Het reinigen van de toilet, het doortrekken met deksel erop, het apart wassen van ondergoed en beddengoed, tja neem het met een korreltje zout. Voor de medewerkers is het anders, wij werken er dag in dag uit mee. De Arbo verplicht ons om deze regels te volgen; het is tenslotte chemisch afval.'

Ondertussen wordt een warme kruik op mijn aderen gelegd zodat het infuus gemakkelijker aangeprikt kan worden. Ik krijg twee injecties, één tegen de misselijkheid en één met water voor het doorspoelen. Daarna wordt de eerste zak chemo aangelegd. Het is een feloranje goedje dat langzaam in mijn aderen sijpelt, mijn arm voelt ijskoud aan. Twee uur lang aan de naald, ik luister via de MP3-speler naar Kaapverdische muziek. Van een melancholische *morna* word ik verdrietig en vind de gedachte dat ik daar voorlopig niet naar toe kan onverdraaglijk. Niet naar Sal, Boavista, Sao Nicolau of Praia om te genieten van de heerlijke Afrikaans-Braziliaans-Europese mix van mensen en muziek. Als de zak bijna leeg is klinkt een pieptoon zodat de verpleging gewaarschuwd wordt. Vanuit de andere bedden klinken voortdurend piepjes en ik vraag de verpleegster of ze 's avonds thuis dat gepiep nog steeds in haar oren heeft. Het schijnt te wennen. Door de glazen ruit zie ik de andere patiënten liggen; er ligt een kind, een oude man en drie vrouwen met kaal hoofd.

Thuis wacht ik in spanning af wat komen gaat, nog vol vertrouwen dat het mee zal vallen. Het tegendeel gebeurt, ik moet zesendertig uur overgeven, wat ik ook drink of eet. Na een telefoontje naar het ziekenhuis krijg ik zetpillen voorgeschreven en via vrienden hoor ik dat er een beter middel is tegen de misselijkheid, maar dat kost veel geld.

Pas na een dag of vijf komen mijn smaak en eetlust weer enigszins terug, mijn hele eetpatroon blijkt veranderd. Kon ik vroeger toe met een kommetje muesli bij het ontbijt en een paar boterhammen tussen de middag, nu moet ik ieder uur iets eten, anders word ik slap. 's Nachts lijkt het alsof ik kranten heb ingeslikt, zo droog is mijn mond. Mijn slijmvlies is aangetast, mijn neus, mijn vagina, alles is kurkdroog, ik lig te knisperen in bed. Als ik last krijg van pijn bij het plassen bel ik de verpleegster en ik moet lachen om haar nuchterheid; 'twee keer per dag de douchekop erop'. Ralph zorgt voor kopjes thee, broodjes, soep, fruit, wassen, telefoontjes beantwoorden, hij ziet weer zo bleek. Om onszelf te bevrijden van onze opgedrongen rollen, de verpleger en de patiënt, vertrekken we naar Ommen. Ik hoef pas de week erop weer naar het ziekenhuis, als ik geen klachten krijg.

Nu lange wandelingen in het bos niet mogelijk zijn en de klussen rond het huis evenmin, hebben we eindelijk tijd om de geboortestad van mijn moeder te bezoeken. Zwolle is voor ons beiden bekend terrein. De moeder van Ralph kwam er iedere week om naar de markt te gaan, met de trein vanuit Ommen. Als Haagse moest ze even naar de stad, het bos uit. Ralph ging er naar popconcerten van Cuby en the Blues Dimension.

De Peperbus schittert in een waterig zonnetje en brengt me terug naar mijn jeugd. Mijn moeder had twee ongetrouwde zussen die samenwoonden in het ouderlijk huis aan de Veerallee. Tante Do was directrice van de bibliotheek aan de Melkmarkt, midden in het centrum, haar zus tante Ans was haar huishoudster. Een grotere tegenstelling tussen de twee was niet mogelijk. Tante Do mager, klein met een iets gekromde rug, kon nog geen kop koffie zetten en was in huishoudelijk opzicht een nul maar wat had ze een fijnzinnig gevoel voor humor en pientere oogjes. Tante Ans was groot en fors met een enorme voorgevel, en dikke enkels. Ze was de heerseres in de keuken en over de enorme kelder die onder het hele huis doorliep en vol stond met haar weckflessen, jampotten en jutezakken met aardappelen. Oma was een boerendochter uit de Betuwe en de familie was gewend om ladingen groenten en fruit opgestuurd te krijgen om de winter door te komen. Tante Ans was een beetje nors, daar werd je bang van, maar ze kon heerlijk koken. Nog steeds zie ik de soep met lettervermicelli en de gele vla met bessensap van Flipje uit Tiel helder voor me. Ik vroeg me stiekem af hoe tante Ans haar veters dicht deed met die zware voorgevel, zou tante Do ze strikken? Een man was er nooit te bekennen, op mijn vader na, die aanbeden werd. Tante Ans had vroeger wel een verloofde gehad maar toen ze een zenuwinzinking kreeg, maakte hij zich uit de voeten. Tante Do zat altijd verlekkerd naar de nieuwslezer Herman Emmink te kijken, die vond ze zo mooi. Godfried Bomans en Bertus Aafjes waren haar favoriete schrijvers.

Iedere vakantie mocht ik een centje bijverdienen door te helpen in de bibliotheek, ik bleef dan een paar weken logeren. Het statige huis imponeerde, wij woonden in Enschede in een arbeiderswoning, het plechtige gevoel begon al als ik over het grindpad liep en omhoog keek naar het vier verdiepingen tellende pand. De serre was mijn favoriete plekje waar ik met tante Do Halma speelde terwijl de koekoeksklok sloeg en uit het weerhuisje een mannetje met paraplu of vrouwtje met zonnetje floepte. Van de bibliotheek herinner ik me vooral de geur van bijenwas op de glanzende houten vloer, de enorme kasten met boeken waartussen ik me hele middagen verschanste en hoe trots ik was als ik stempels mocht zetten op de kaartjes voorin de boeken. De dames die boeken kwamen lenen streken me over mijn hoofd.

Vreemd die ruimte en onmetelijke tijd die zich voor

ons uitstrekt nu ik kanker heb. Niet gehinderd door deadlines, afspraken, verre reizen of ambities glijd ik mijn jeugd in. Zwolle blijkt een chique stad geworden, we lopen langs vele restaurants en grand cafés. Tegenover het museum waar we de expositie van Jeroen Krabbé en George Grosz willen bezoeken, ligt een mooie uitspanning. De hongerklop heeft weer bezit van mij genomen, ondanks mijn goede lunch een uur geleden. Ralph is blij dat hij een broodje kroket kan bestellen, eindelijk weer eens een vette hap. De zaak zit op deze doordeweekse dag vol met ambtenaren en zakenlieden die zich een lunch met witte wijn laten welgevallen. Studenten zitten te gamen op hun laptop en kijken op hun telefoon. Alleen aan de leestafel is nog plek, we constateren dat de prijzen grootstedelijk zijn. Het interieur is mooi in art deco stijl, maar de schilderijen slaan als een tang op een varken. Moderne, nietszeggende kunst met rijk geornamenteerde lijsten. Als we de ober erop aan spreken kijkt hij ons niet begrijpend aan. Wat zeuren die mensen nou, zie je hem denken.

Iedereen heeft me gewaarschuwd dat het eten me niet meer zal smaken, maar het tegendeel is waar. Ik heb trek en het eten smaakt me goed maar er gaat wel iets mis met de vertering. Een glaasje wijn brandt als gal in mijn slokdarm en ik moet voortdurend boeren en scheten laten. Tegen de obstipatie slik ik poeders en ik breng veel tijd door op het toilet zonder noemenswaardig resultaat. Ik slik een batterij aan pillen zoals oude mensen; één tegen de misselijkheid, één tegen de bijwerkingen ervan, één tegen ontstekingen, één tegen de obstipatie, één tegen trombose... Er verschijnen dikke puisten in mijn gezicht en rode bulten op mijn rug en buik.

In het museum is het opvallend druk, de vorige avond was Jeroen Krabbé in DWDD met alle gevolgen van dien. Horden in het zwart geklede kunstliefhebbers met grote brillen komen op de tentoonstelling af. Bij Georg Grosz is het rustig en daar kwamen we eigenlijk voor. De expositie heeft de intrigerende titel 'Schwarzer Champagne rund Blutiger Ernst'. Grosz leefde van 1893 tot 1951 en zat tijdens de eerste wereldoorlog in de loopgraven. Hij was Dadaïst en tekende, schilderde en maakte gravures van oorlogsinvaliden, profiteurs, werklozen, speculanten, communisten, nazi's, brave burgers, bohemiens en dames van lichte zeden. Bijtende spot, nietsontziende scherpte kenmerkt zijn stijl die ons een perfect beeld geeft van de crisistijd tussen de twee wereldoorlogen; een striptekenaar zonder tekst, de beelden spreken voor zich.

Jeroen Krabbé schilderde het leven én de ondergang van Abraham Reiss, zijn joodse grootvader, in negen levensgrote doeken: van een onbezorgde jeugd en een succesvolle carrière in de diamantindustrie, tot de trein van Westerbork naar Sobibor en tenslotte het afgrijselijke einde. Het is druk en ik ga op een bank in het midden zitten en laat alle beelden tot me doordringen. Sommige bezoekers deinzen terug en verlaten aangedaan de zaal. In een film zie je Jeroen Krabbé aan het werk in zijn atelier in Dalfsen, alleen, weg van iedereen, hij móest dit maken. Je ziet hem in Sobibor waar zijn grootvader stierf. Het lijkt bijna onmogelijk om zo'n leven in negen schilderijen te vatten, maar het is hem gelukt.

Met een hoofd vol inspiratie en spinsels verlaten we het museum om onze nostalgische tocht rond Zwolle te vervolgen. Ralph is opgetogen dat we eindelijk eens tijd hebben om aan 'cultuur' te doen. Naast mijn werk op school, de keuringen van Friese paarden en het schrijven houd ik maar weinig tijd over. Onze agenda's matchen meestal niet, hij met optredens, ik met trips naar allerlei uithoeken in Europa; vaak spring ik uit bed als hij er net een paar uur in ligt. De zee van tijd die voor me ligt, de prognose is negen tot twaalf maanden uit de roulatie, biedt ons de kans om op reis te gaan op de kleine kilometer, altijd samen.

In mijn hoofd zingt het beeld van mij aan de hand van mijn vader, wandelend in het Engelse Werk, een Engels Landschapspark dat direct aan de IJssel ligt. Hij maakte mij deelgenoot van zijn liefde voor bomen en vertelde over het verdedigingswerk dat hier was aangelegd. Dromerig huppelde ik voor hem uit of trok aan zijn arm om samen met hem de hellingen af te rennen.

We worden getrakteerd op echte Hollandse luchten, als we erheen rijden staat er een stevige wind die donkergrijze donderwolken door een staalblauwe hemel jaagt. Het loopt tegen de avond en het licht strijkt prachtig over de uiterwaarden waar een groep paarden staat te grazen. Tussen het park en de IJssel loopt een dijkweggetje met een fietspad. Heel wat ambtenaren fietsen met een trommeltje achterop naar huis, hmmmm ik hoef lekker niet te werken. 't Wordt te koud, ik ben rillerig van vermoeidheid maar voel me gelukkig.

In Ommen is wakker worden voor mij een feest. De houten Noorse blokhut ligt zó prachtig, vanuit onze slaapkamer kijken we uit over een weiland met Lakenfelder koeien. In de verte zien we de dijk waarachter de Regge stroomt en vlakbij het huis de dode arm waarin de berk, de eik en de dennen zich spiegelen. Zodra ik wakker word trek ik de gordijnen open, maak een kopje thee en kruip weer in bed om naar buiten te staren. De berk is de altijd aanwezige, stille getuige van mijn gedachten. Nu in de herfst hebben de takken hun bladeren voor driekwart verloren. De zilvergrijze bast licht op als het zonlicht door de wolken breekt. Bovenin schitteren nog geelgroene, roestige blaadjes, de wind laat ze trillen maar ze laten nog niet los. Een dik pak roodbruine eikenbladeren tooit de grond en de varens langs het water verkleuren geelgoud totdat ze helemaal zullen afsterven.

Hier vrijen we altijd zo lekker, maar gisteren lukte het niet. Omdat de verpleegster had gezegd dat het na een week wel weer veilig was, had ik me helemaal geen zorgen gemaakt. Op het moment suprème liet Ralph zich verdomme afschrikken door zijn angst voor het gif in mijn lijf, ik voelde me wanhopig afgewezen. Wat ik ook zei, ik herhaalde letterlijk de woorden van de verpleegster, het lukte niet om hem te overtuigen. En na al dat praten was er van opwinding geen sprake meer. Ik werd dubbel gestraft.

De pijnlijke plek aan mijn rechterhand blijkt een voorbode te zijn van een fikse ontsteking. Mijn hand zet helemaal op en dus moet ik weer bellen. De dokter wil dat ik langs kom om ernaar te laten kijken, want bij een ontsteking is het niet zeker of de volgende chemo door kan gaan. Een jonge, vlotte vent staat ons te woord. Ik krijg pijnstillers en moet volgende week weer terug komen. Ik grijp mijn kans om hem te vragen hoe dat toch met de seks en de chemo zit en vertel hem dat Ralph in paniek raakte.

Hij kijkt mijn man geamuseerd aan: 'Was je bang dat hij eraf zou vallen? Dat zal niet gebeuren hoor en uw vrouw is niet meer op de leeftijd om zwanger te worden, dus ga gerust je gang.'

Triomfantelijk en vooral opgelucht kijk ik Ralph aan. De ontsteking gaat niet zo maar over, de chemo wordt uitgesteld en ik krijg eerst een penicillinekuur. Nu kan ik toch naar het feest van een vriendin die zestig wordt, *ieder nadeel heb z'n voordeel* zou Cruijff zeggen.

Haarwerk

De gezusters Koopal runnen het familiebedrijf Frans Koopal Haarwerken dat al sinds drie generaties bestaat. De zaak heeft iets van de fluisterende discretie van een uitvaartbedrijf. Ik wil mijn pruik uitzoeken nu ik nog 'gezond' ben en fit genoeg om er een leuk middagje uit van te maken en neem Ralph en Anja mee. Ik heb de wildste gedachten over een nieuwe look en kleur. Misschien wil ik wel twee pruiken aanschaffen, een voor door de weeks en één voor feestjes. Een felrode of hoogblonde lijkt me wel cool. De hoofddoekjes heb ik ook bekeken op diverse sites en in de kleurrijke folder van Koopal. Voor de nacht lijken ze wel handig, een kaal hoofd schijnt koud te zijn, maar overdag met een hoofddoek, daar heb ik geen zin in. Nadat ik de prijslijst van de haarwerken heb gezien besluit ik er eerst maar één aan te schaffen, vierhonderd euro is een duur grapje. Eigenlijk wil ik ook het liefst zo weinig mogelijk afwijken van mijn eigen haarkleur, er is al zo veel veranderd de laatste tijd.

De ontvangst is koninklijk, via de chique showroom worden we naar een aparte geblindeerde kamer geleid, die vergelijkbaar is met een gewone kapsalon, maar dan zonder klanten en nergens een haartje op de grond. We krijgen luxe koffie met koekjes, snoepjes en nogat. Jolande, een van de haarwerkspecialistes, richt zich helemaal op mij:

'U heeft wel zes of zeven verschillende kleuren grijs in uw haar, dat kunnen wij nooit precies kopiëren, maar als u even wacht dan zal ik een aantal haarwerken uitzoeken. We nemen rustig de tijd.'

Wij zitten te snoepen van de koekjes en maken grapjes. Ik wil geen lang haar, dat kriebelt me te veel in mijn nek en liefst ook niet te veel haar in mijn gezicht. Er staan allerlei modelletjes opgesteld; hoofddeksels, petten met vlechten, Farah Dibah tulbanden, in alle kleuren en vormen. Jolande komt binnen met zes haarwerkjes. Als ik de eerste opzet lijk ik op Mien Dobbelsteen, Ralph en Anja liggen in een deuk. Met de tweede lijk ik net een travestiet en met de derde ben ik een keurige VVD-dame, lid van de Lions, de gouden ketting ontbreekt nog. Dat komt omdat het haar zo keurig gekapt is, het staat stijf van de haarlak.

'U bent niet iemand die uw haar föhnt na het wassen en daardoor ziet het er wilder uit', zegt Jolande tactisch.

Ze begint het gezellig te vinden omdat we zo'n lol maken. Ze laat haar formele façade vallen en schikt behendig een vierde pruik op mijn hoofd. Deze pruik is heel kort, niet onaardig en de vijfde zit er net tussenin, vlot, vrouwelijk, kittig en praktisch, niet te lang. Met algemene stemmen wordt het pruik vijf, ik schaf nog twee doekjes aan voor de nacht én een badmuts, want ik wil dolgraag gaan zwemmen.

Na anderhalf uur staan we weer buiten, toch een gek

gevoel dat wachten op het uitvallen van mijn haar. Na de eerste chemo is het zover, ik vind haren op mijn kussen en in mijn eten. Ik bel mijn kapster en vraag of ze me kaal wil scheren. Als ik daar aankom roept ze: 'Je hebt nog zó veel haar, ik wil je nog niet kaal scheren, als ik het nu eerst eens kort knip. Bevalt het niet dan mag je volgende week terugkomen, het kost je niks.' Vooruit maar denk ik, lekker om even verwend te worden en ik ben benieuwd naar mijn korte kop. Mijn nieuwe kapsel doet oude vrienden denken aan vroeger toen ik allerlei coups uitprobeerde, rood met blond, van pagehoofd tot heel kort. Ondanks het plezier van mijn nieuwe look blijven mijn haren uitvallen. Ik sta binnen een week weer bij de kapster voor de deur. 'Helemaal kaal is zonde, ik zet de tondeuse op twaalf millimeter.' Ik moet lachen en ik realiseer me dat het tegennatuurlijk is voor een kapster om een hoofd kaal te scheren, bovendien doet het haar denken aan de oorlog, vertelt ze. Ik ga met een donsje op mijn hoofd naar huis.

Voor het eerst sinds mijn kanker heb ik een afspraak om tien uur 's ochtends, tot nu toe lig ik tot twaalf uur in bed en bereid me dan rustig voor op de rest van de dag. Ik fiets want ik moet en zal fit blijven. Halverwege loopt het zweet me over mijn rug. Ik heb veel te weinig tijd genomen om er te komen, ik ben nog niet gewend aan mijn bejaardentempo. In een luxe conferentiezaal is de koffie net rondgedeeld. Er zijn zeven lotgenoten, acht schoonheidsspecialistes en drie gastvrouwen aanwezig. Er staan spiegels en tasjes met producten klaar, we gaan zelf aan de slag met een twaalfstappenplan. De workshop 'uiterlijke verzorging met kanker', is me aangeboden in het ziekenhuis door de *Stichting Goed verzorgd, Beter gevoel*. Opgericht door een dame die een eigen bedrijf had en kanker kreeg, ze wilde er goed blijven uitzien en richtte de stichting op. Sindsdien worden in alle grote ziekenhuizen workshops gegeven met gesponsorde producten van bedrijven. Ach, waarom zou ik het niet eens proberen, als mijn wenkbrauwen en wimpers ook gaan uitvallen moet ik wel iets verzinnen om er niet als een spook uit te zien.

Het enige wat ik gewoonlijk aan mijn uiterlijk doe is mijn lippen stiften en mijn wenkbrauwen een beetje aanstippen. 's Ochtends neem ik nog maar net de tijd voor een kopje thee en een kommetje yoghurt met muesli, en zeker niet om een uur voor de spiegel te staan. Nu zal ik toch echt een dame worden. De kale vrouwen hebben allemaal een dik en gezwollen gezicht. Krijg ik dat ook als ik meer chemo's heb gehad, vraag ik me af.

Ik zie mezelf al dicht geplamuurd met Engelse pancake en lach inwendig. Ik doe alles verkeerd en krijg tips van een tuttige schoonheidsspecialiste die me aanspreekt alsof ik een kleuter ben. Ik laat haar maar kletsen. De leidster van de workshop is een graatmagere dame met zwartgeverfd haar, donkerbruin geschminkt. Ze is eng keurig gekleed, in marineblauw en wit, maar ik betrap haar op een bruine veeg in haar hals. Ik doe aan alle stappen mee, maar wat duurt dat lang, ik heb er geen geduld voor.

Toch loop ik als een diva het ziekenhuis uit, met eyeliner, mascara, oogschaduw, ingetekende zoenlippen en al mijn rode plekken, puistjes en onregelmatigheden in mijn gezicht zijn gecamoufleerd. Ik heb een paar tips

meegekregen die ik ga toepassen en het heeft effect.
Mensen die me na maanden weer zien, roepen:
'Wat zie je er goed uit! Oh, je bent opgemaakt en wat
zit je haar vlot. Nooit meer lang haar dragen hoor, dit staat
veel leuker.'

Niemand ziet me natuurlijk als ik net wakker ben, met
mijn mutsje op het hoofd en mijn verkreukelde gezicht,
de ogen roodomrand, rode blossen op mijn wangen en de
vlekken in mijn nek.

Pink Ribbon

Gelukkig heb je borstkanker!
Liefde en vriendschap zijn immuun voor borstkanker?

'Ik word stapelgek van dat Pink Ribbon gedoe, alsof je blij moet zijn dat je borstkanker hebt, kom bij de club! Heb je die commercials gezien en dat vrolijke deuntje op de radio gehoord?'

Mona, mijn Friese vriendin, is net als ik in precies dezelfde tijd getroffen door borstkanker. We leven intensief met elkaar mee, vooral via sms. Onze behandelschema's zijn niet op elkaar afgestemd, als zij in de goede periode zit, heb ik net een dip. Zij wordt behandeld in Amsterdam en loopt een omgekeerd traject af, eerst chemo, daarna de operatie. Ze is na afloop van de chemo's in het ziekenhuis beland met hoge koorts en longontsteking, door de telefoon hoor ik haar ademnood, ze hijgt en kucht van de opwinding over die onzin van Pink Ribbon.

'Het is borstkankermaand, wie heeft dat in godsnaam uitgevonden? Ik krijg alarmerende berichten van familieleden die mij de bijlage van de Volkskrant sturen.

Mijn oedeemtherapeute vertelde dat de meeste lotgenoten er een bloedhekel aan hebben, al die aandacht, of zou het niet voor ons bedoeld zijn?'

'Ik kreeg van een vriendin zo'n pink ribbon armbandje en toen ze me naar het ziekenhuis reed, zag ik dat zij er zelf ook een droeg, uit solidariteit. Ik had thuis het roze strikje er al afgerukt, ik schaamde me voor mijn ondankbaarheid en ik heb het gevoel dat ik het om móet doen als zij in de buurt is.'

'Hoe komt het toch dat we overstelpt worden door kaartjes van vrienden met steeds diezelfde boodschap: Jij bent een sterke vrouw, jij redt het wel.'

'Ja, erg lastig die goedbedoelende vrienden die van alles voor je bedenken. Ik heb even op die site van Pink Ribbon gekeken en verbaasde me over de ambassadrice, een topmodel. Zo'n superslanke vrouw, perfect opgemaakt, een toonbeeld van rechtgeaardheid, een schoonheidsduivel. Naast haar foto staan allerlei aanbiedingen, bijvoorbeeld voor een speciale krultang, een onding dat voor kale vrouwen toch een regelrechte belediging is. Voor het gala dat ze jaarlijks organiseren kan je prachtige avondjurken bestellen bij Wehkamp, maar wat moet je daarmee als je oedeem hebt en een prothese waardoor een decolleté uit den boze is? Snap jij waar die slagzin op hun poster op slaat: *liefde en vriendschap zijn immuun voor borstkanker?* Dat je gewoon vrienden moet blijven als een vriendin borstkanker krijgt? Het zou toch een mooie boel zijn als dat niet zo was.'

Mopperend hangen we weer op, we kletsen altijd opgewonden door elkaar heen maar hebben ons hart weer gelucht. De avond ervoor was er een uitzending over borstkanker op de tv. Dat hakte er in en bezorgde mij een slapeloze nacht. Wetenschappelijk onderzoek toont aan dat de helft van de vrouwen chemotherapie krijgt terwijl dat bij hen niet helpt. Men is in staat om op basis van een *mammoprint* te beoordelen of een bepaalde chemo wel of niet reageert op jouw tumorcellen. Het onderzoek is tot nu toe voor 98 % betrouwbaar maar de autoriteiten willen 105 % zekerheid. Op basis van het onderzoek dat nu gepleegd wordt duurt het nog tien jaar voordat dat resultaat bereikt is. De onderzoekster legt uit dat er inmiddels zo veel tumoren van patiënten opgeslagen zijn dat ze op basis van dat archiefmateriaal binnen een half jaar klaar kunnen zijn. Dat is helaas niet toegestaan dus moet de helft van de 13.000 vrouwen die ieder jaar borstkanker krijgt chemotherapie ondergaan die bij hen geen resultaat oplevert. Hetzelfde geldt voor de hormoontherapie, zeggen ze, wat een ellende.

Een andere vriendin, die een aantal jaren geleden door borstkanker werd getroffen, gaat stoppen als verpleegster na veertig jaar trouwe dienst. Ze belt me en roept met haar Limburgse accent wat ze nu weer in dat tijdschrift van Pink Ribbon heeft gelezen:

'Ze durven te schrijven dat borstkanker een ziekte is voor vrijgestelde, verwende vrouwen. Ik heb jaren poep, pies en bloed opgeruimd, hoezo vrijgesteld?'

Het is goed dat andere vrouwen baanbrekend werk verrichten en het is fantastisch dat er sites zijn waar je alles op kan vinden maar Pink Ribbon is commercieel en niet onafhankelijk, Wehkamp en de cosmetica-industrie varen er wel bij. Bovendien gaat het te ver om te doen alsof je blij mag zijn als je bij de club hoort. Bij de start van de borstkankermaand met jaarlijks een uitgave van het Pink Ribbon tijdschrift werd een *beweegevenement* in Zwolle georganiseerd. Op een groot plein hupste een leger roze *feel good* meisjes en vrouwen alsof hun leven ervan af hing. Bewegen is belangrijk, maar maak er geen heilige koe van. Wetenschappelijk onderzoek heeft helaas ook uitgewezen dat beweging tijdens de chemo helpt om je beter te voelen maar dat het geen invloed heeft op je overlevingskansen.

De doelgroep van (potentiële) borstkankerpatiënten is commercieel gezien zó interessant dat ze geannexeerd is door aasgieren van bedenkelijk allooi. Als patiënt ben je kwetsbaar, je wordt niet alleen getroffen door een levensbedreigende ziekte maar ook nog eens aangetast in je vrouwelijkheid, de kern van je wezen. In je wanhoop en onzekerheid zoek je naar houvast.

Voor goede informatie kan je terecht bij het borstkankerforum en bij de-amazones.nl. En wil je weten hoe lotgenoten het hele proces doorstaan, dan zijn er verschillende vrouwen die een weblog bijhouden, de beste zijn ook uitgegeven in boekvorm. Sommige verhalen brengen me dichter bij mezelf en mijn eigen verdriet.

Voor mij geen Pink Ribbon en geen gala.

Tortelduifjes

De liefdevolle verzorging van mijn man bereikt zijn grens. Af en toe raast er woede in hem en aangezien ik de enige ben die in de buurt is, moet ik het ontgelden.

'Ik heb helemaal geen zin om de hele tijd in de keuken te staan en die stomme boodschappen te doen. Alweer een nieuwe was en ...' of

'Ik blijf het liefst de hele dag in bed liggen, wat voor zin heeft het leven nog?'

Ik hoor in de keuken borden vallen, gevolgd door gevloek en getier. Vanochtend is de computer vast gelopen en heeft hij mijn 'Postvak In' per ongeluk verwijderd. Dat betekent dat híj dagen uit zijn doen is, kalmerende valeriaandruppels neemt en ík bezorgd ben over zijn hart, zo druk maakt hij zich dan. Ik blijf rustig hoewel het gemis van mijn zorgvuldig opgebouwde archief geen kattenpis is. Er zijn ergere dingen in het leven.

'Ik kan beter maar helemaal niks doen, alles gaat mis, stommeling die ik ben.'

Dit is het teken dat we er weer even uit moeten, weg

van de was, de strijkplank, de afwas, de boodschappen, de pillen; weg van die k-ziekte en de sleur. Gedwongen samen thuis zijn, een soort vervroegd pensioen, is een hele opgaaf. Tot voor kort was ik er bijna nooit, overdag aan het werk en 's avonds vaak op pad. Ralph had het rijk alleen en bepaalde alles zelf, ook welke tv programma's hij wilde kijken en hoe laat hij opstond.

Onze bioritmen verstoren elkaar en zijn liefdevolle bezorgdheid voelt ongemakkelijk. Hij vindt dat ik niks mag doen terwijl ik juist in beweging moet en wil blijven. Het is ingewikkeld, er zijn momenten dat ik een wrak ben en als een zwak vogeltje afhankelijk ben van zijn lieve zorgen. Meestal protesteert hij eerst als ik voorstel om weg te gaan, hij ziet overal tegen op, helemaal als we weer naar Ommen 'moeten'.

Boodschappen meesjouwen, het huis netjes achterlaten, beddengoed mee, hij vindt het een gedoe. Naar een hotel gaan vindt hij een stuk fijner, zich laten verzorgen is een aanlokkelijker gedachte. Heel ver weg durven we niet te gaan, er gaat tot nu toe steeds iets mis met mij waardoor we tóch weer naar het ziekenhuis moeten. Een grote stad is te vermoeiend, we gaan op weg naar Duitsland, niet verder dan anderhalf uur rijden met de auto. Ik wil graag heuvels of bergen zien, ver weg kijken, verder weg dan de appartementen aan de overkant en de stadstuin aan de achterkant van ons huis. De keus valt op de Ankumer Bergen, een heuvelachtig gebied met enorme Hunebedden, tussen Lingen en Papenburg, Emsland. Het is een boerse streek, heerlijk agrarisch met maïs, zonnebloemen en tarwe op het land en er zijn nog stille landweggetjes. Reizen op de bonnefooi is het leukst, we vinden meestal wel een hotel. Onderweg zijn de schilderachtige, afgelegen pensionnetjes aan heldere beekjes dicht en in het middeleeuwse stadje Fürstenau blijkt geen enkel bed meer beschikbaar. Moeten we toch nog in het donker zoeken, gelukkig kunnen we met de telefoon van Ralph de hotels in de buurt spotten en bellen op goed geluk een viersterrenhotel aan een meertje. Er is nog plaats, we slaken een zucht van verlichting. Om nu nog naar Osnabrück te rijden lokt ons niet.

We stellen ons bij een viersterrenhotel een luxueuze kamer voor met een heerlijk kingsize bed waarin je wegzakt en elkaar kunt verwennen. De ene kamer stinkt naar hond en de andere heeft een schuin dak waardoor je voortdurend bang bent om je hoofd te stoten. De bedden staan los van elkaar, we verschuiven ze, stofwolken waaien op. De bedlampjes kunnen niet verplaatst worden, één van ons kan niet lezen. Tussen de twee bedden ontstaat een richel waardoor we van elkaar weg schuiven als we tegen elkaar aan kruipen. De chemo is uitgewerkt dus we zouden kunnen vrijen...

De menukaart verraadt *tüchtige* kost, *Schweinebraten mit Sauerkraut,* dat roken we al toen we de trap af kwamen. Gelukkig hebben ze nog een forelletje, en voor Ralph *Bockwurst* en zijn favoriete toetje *rote Grütze mit Vaniliensosse.* De stoelen in de moderne serre met glazen bovenlicht zitten niet lekker, de zitting is te lang waardoor we op het puntje van onze stoel balanceren en onze ruggen akelig stijf worden. De andere gasten bieden geen vertier, de ober in zijn slecht zittende pak kan niet tegen onze grapjes, we vluchten naar onze kamer.

Het uitzicht is fantastisch, in het meer weerspiegelt de

maan aan een heldere hemel, we horen ganzen roepen en de mysterieuze melkweg is goed zichtbaar, *Jalan Susu* op z'n Indisch. Daarvan krijg ik altijd zo'n heimweegevoel in mijn onderbuik, ik wil dan heel dicht tegen Ralph aan kruipen en romantisch doen. We staan minutenlang te zoenen met ergens, diep weggestopt, het verlangen naar Indonesië. Ik ben al weer doodop na zo'n dag, druk me nog even tegen Ralph op één helft van het bed en val dan in een diepe slaap. Niets is 's ochtends zo heerlijk als Duitse *Kaiserbrötchen* met honing uit de raat. Na het ontbijt gaan we lekker naar buiten. Het hotel ligt in een schitterend recreatiepark met veel wandelroutes, afwisselend bos en weggetjes langs landerijen.

Er staat een frisse wind maar de zon schijnt en we wandelen om het meer, koesteren ons in de luwte op een bankje en vangen de zonnestralen op ons gezicht. Een lange stoet zwanen, zeker wel tien, zwemmen achter elkaar aan, meerkoetjes wippen op de rieteilandjes en de ganzen trekken een V in de lucht. Af en toe passeert een wandelaar met hond. We besluiten nog een nacht in dit hotel te blijven, elders te eten en niet verder te zoeken.

In de folder staat een '*Naturlehrpfad*' met jenever-besstruiken aangegeven en er is een bijzondere *Kunstschule* midden in het bos. Het natuurpad is een belevenis, op miniatuurschaal zijn verschillende grondsoorten en begroeiingen aangelegd zodat je de historie van dit gebied al wandelend kan beleven. Je kan je schoenen uitdoen en op blote voeten lopen door zand, klei, turf, basalt, stro, keien en boomschors. Het totale pad zal zo'n twee kilometer lang zijn. Terug bij de start is er een waterbak waarin je je voeten kunt wassen. Zo'n 'stukje' natuureducatie kom je alleen in Duitsland tegen. We zijn erg nieuwsgierig geworden naar de *Kunstschule*. Een vrouw met geblondeerd haar, een zware pony bedekt haar zwart omrande ogen, in leren minirok en laarzen tot boven haar knieën, ontvangt ons voor de deur van een oude boerderij. Ze zal achter in de vijftig zijn maar kleedt zich als een jong fotomodel en zo'n figuur heeft ze ook nog. Binnen in de boerderij is het een allegaartje van schilderijen, Turkse tapijten, Tiffany glaswerk, grote ligbanken, rotan stoeltjes, eikenhouten tafels, nissen met christelijke beelden, Boeddha's, houtkachels, Tibetaanse gebedsvlaggetjes; alles in kaarslicht. Er is thee en koffie en we gaan er maar eens voor zitten. De kunstenaar zelf is een oude hippie die door de dame aanbeden wordt, dat zie je zo. Ze hebben een unieke tuin aangelegd met stenen uit de omgeving, de bomen zijn Japans gesnoeid en de middeleeuwse boerderij hebben ze helemaal zelf opgeknapt. Ze wonen er al meer dan dertig jaar. Er lopen wat jonge, langharige kunstminnende jongens rond die een cursus volgen bij de kunstenaar. We bezichtigen de tuin die prachtig is met doorkijkjes, kleine paadjes en kunstig gesnoeide struiken, heesters en boompjes. Bij terugkomst vragen we wat nog meer de moeite waard is om in de buurt te bezoeken en worden na een lange verhandeling over religiositeit - de man hoort zichzelf graag praten - naar een klooster gestuurd, de *Stift Börstel*, een Cisterciënzer orde. Traditioneel liggen deze kloosters erg afgelegen en zijn alleen toegankelijk via voetpaden. De Trappisten (Cisterciënzer) leiden een leven in ascese, onthouding, stilte en lichamelijke arbeid. Na wat zoeken vinden we het klooster, omgeven door oude bomen, edelkastanjes en eiken. Het is al in de twaalfde eeuw gebouwd en is opgetrokken uit oude kloostermoppen. De kruisgang ligt aan de binnentuin van het klooster en als we onder de oude bogen lopen wanen we ons in de middeleeuwen. De stilte is hier bijna tastbaar en maakt ons bewust van de lichtheid van ons bestaan. Achter het klooster ligt de moestuin met buxushaagjes, kruidentuin, rozen en groenten. Het is niet moeilijk ons voor te stellen dat hier vroeger kaas, wierook, likeur, jam en trappistenbier gemaakt werd en dat de marskramers langs kwamen om hun waren met de monniken te ruilen.

Het is al bijna donker als we naar de 'bewoonde' wereld terugkeren, in de verte horen we de jonge uilen roepen.

De volgende dag bezoeken we nog het *Moorgebiet*, op de grens tussen Nederland en Duitsland, het is ongekend leeg, zo ver als we kunnen kijken zien we alleen de horizon, geen bebouwing, geen bomen, alleen veen en moeras. De wegen eindigen hier. Er loopt een fietspad langs en de enige mensen die we ontmoeten zijn twee Rotterdammers op leeftijd die fietsend het gebied verkennen en de stilte waarderen.

We hebben 'gereisd' om innerlijke rust te bereiken en het is ons gelukt. Als we 's avonds in ons eigen viersterren bed eindelijk ongestoord tegen elkaar aan liggen, komt de begeerte vanzelf. Ik was echt vergeten dat ik de volgende week een nieuwe kuur moet ondergaan, één die vervelende bijwerkingen heeft, daarvoor ben ik van diverse kanten gewaarschuwd. Ik heb nog een poging gedaan om mijn oncoloog te overtuigen van een alternatief maar ze wil er niet aan meewerken.

Het gif neemt me weer te grazen, het raast in mijn lijf. Geen nachtrust, ieder kwartiertje maak ik bewust mee, even wegdommelen, op de klok kijken en zien dat het slechts tien minuten geleden was dat ik insliep. Ralph wil ik niet storen met licht en gedraai, hij heeft zijn rust hard nodig, ik sluip weer naar de huiskamer en ga op de bank liggen. Lezen lukt ook niet, een martelende, drukkende pijn achter mijn ogen belemmert zelfs tv kijken. Mijn rug zit vol met bulten en het jeukt afschuwelijk. De gewrichten en spieren protesteren en in mijn neus belemmeren bloedende korsten mijn ademhaling. Steken in mijn oren en mijn hoofd verontrusten me. Mijn tong is vaalwit, er vallen gaten in en mijn mond zit vol aften. Ja, mijn vriendin had me niet voor niks gewaarschuwd, in háár ziekenhuis geven ze deze kuur niet meer, vrouwen hebben er te veel last van.

Ralph wordt er wanhopig van, hij kan niks doen. Hij ziet mijn gezicht rood worden en ik zie de wallen onder zijn ogen verder uitzakken. Ik voel het kind in mij weer boven komen. Ik mis mijn moeder, ik zou willen dat ze me in bed stopt en me sussend vertelt wat ik moet doen terwijl ze me over mijn bol aait. Ik voel weer het gevecht van vroeger tegen het eczeem, 's nachts stiekem de handen tot bloedens toe aan de kokosmat open schuren zodat het jeuken stopt. Ik zie mezelf ingepakt in stinkende groene teerzalf waardoor andere kinderen niet met me willen spelen. Ik denk aan het sterfbed van mijn moeder en ik vraag me somber af of ik wel weer beter word. Zijn die pijnen een teken dat de uitzaaiingen overal zitten? De lelijke aanblik van mijn gezwollen gezicht in de spiegel doet me schrikken.

Ik wil stoer blijven, toch een wandelingetje maken, even langs een vriendin en ik moet nog naar de apotheek.

De assistente spreekt mij vermanend toe:
'Wat ziet u er uit, uw handen, uw ogen en gezicht!
Heeft u wel medicatie daartegen?'

Ze raadt me aan kamille te koken en natte watjes op mijn ogen te leggen en geeft me monsters van huidverzorgende middeltjes mee. Alles lijkt nog veel erger door zo'n opmerking, er knapt iets in me. Na tien dagen heen en weer tussen bed en bank is mijn lichaam op, ook mijn geest takelt af, zeker nu ik niet meer kan lezen en ik 's ochtends niet meer in de spiegel wil kijken. Er ontstaat weer een ontsteking aan mijn hand, mijn vingers worden dikke worstjes en ik kan mijn hand niet meer buigen. Ik heb koorts dus ik bel, ten einde raad. Ha, mijn oncoloog heeft weekenddienst, ik moet naar de eerste hulp hoewel ik dat niet wil na mijn vorige ervaring, maar zo zijn de regels nu eenmaal. Ik neem een weekendtasje mee want ik voorvoel dat ik zal moeten blijven. De rit naar het ziekenhuis is sprookjesachtig mooi, door de bevroren nevel zijn alle boomtakken wit omrand en aan de Oosterhaven steken de besneeuwde stagen van de boten wit af tegen de blauwe lucht. Weemoedig bedenk ik dat ik niet zal genieten van dit winterse weer. Als Elfstedentocht rijdster heb ik altijd last van ijskoorts als het maar even gaat vriezen. Net als de huisvrouwen in het Friese dorpje waar ik achtentwintig jaar woonde, laat ik het liefst alles uit mijn handen vallen, hijs me in een trainingspak en ren het ijs op. De mooiste herinneringen heb ik aan die romantische avondjes op de ijsbaan net buiten het dorp met zwijmelmuziek, de ene kant de wind in de rug, de andere kant lekker ploeteren tegen de elementen. Het was helemaal feest als ik op de schaats naar het werk kon. Even het weiland door, de bevroren rivier op glijden, de omliggende boerderijen nog in nevel gehuld, om dan een half uurtje later van de ijzers te stappen en fris en verkwikt op het werk te verschijnen. In de hal van het ziekenhuis is het ijskoud, het vriest wel tien graden. Weggedoken in mijn nepbontjas strompel ik naar de eerste hulp. De verpleegkundige is een vriendelijke lotgenote, ze meet de bloedwaarde, temperatuurt, en leest de bloeddruk af. Gelukkig komt mijn oncoloog snel. De chirurg moet nog even naar mijn hand kijken, of die open gesneden moet worden, gelukkig niet. Ik vind het niet erg, ben zelfs opgelucht dat ik word opgenomen. Ik kom weer op een vierpersoonskamer maar er ligt dit keer maar één mevrouw en de inrichting is prettig geel met fleurige gestreepte gordijnen die helemaal passen bij mijn Olie B. Bommelduster. Het uitzicht over bevroren Groningen is fantastisch, ik zie maar liefst vier kerktorens en kijk van bovenaf op de besneeuwde daken. Het infuus wordt aangelegd en de oncoloog verwacht dat het vanaf overmorgen beter met me zal gaan.

Mevrouw *grefo* tegenover mij is bepaald niet spraakzaam, niet dat ik zo graag wil praten, maar een 'smakelijk eten' en 'welterusten' is het minste wat je kan uitwisselen als je vierentwintig uur per dag tot elkaar veroordeeld bent. Ze eet bijna niet en een vriendin komt haar een paar keer per dag opzoeken met schone kleren, post en drankjes. *Grefo* commandeert haar alsof ze haar slaafje is, ik vermoed dat ze een pot is. Zondagmiddag komt een merkwaardig gezelschap haar opzoeken. Een man in een onbestemd bruinkleurig pak met zijn haar in een kaarsrechte scheiding, een vrouw van ongeveer zeventig met het haar streng achterover in een knoetje, een tweedrok op kuitlengte, zwarte kousen, schoenen met blokhak en veters en een hooggesloten zwarte bloes, gevolgd door een vrouw wiens mondhoeken in een streep naar beneden wijzen met een Bijbel onder haar arm. Ze articuleren nadrukkelijk en praten luid met een harde g.

Ik ben niet fit genoeg om naar de koffiekamer te vluchten maar gelukkig komt mijn hartsvriendin me opzoeken en we gluren geamuseerd naar dit uitstervend fenomeen.

Het slapen lukt ook hier niet. Ik heb knallende hoofdpijn en ik mag geen paracetamol slikken. De nachtverpleegster komt een paar keer bij me kijken, maar zij kan weinig doen. Wat fijn dat de voedingsassistente al om zeven uur aan komt rinkelen achter haar nieuwe, elektrische kar met lichtjes. De wondjes in mijn mond belemmeren het kauwen, yoghurt en drankjes gaan er beter in. 's Middags krijg ik een menu dat verdacht veel lijkt op de blinde vink met aardappelen en snijbonen, het heet alleen saucijs maar het smaakt en ruikt hetzelfde, droog en hard, met net iets te veel kruidnagel. Maandagochtend, na nog zo'n hulpeloze nacht, kom ik op het lumineuze idee om de psychologe te bellen, zij werkt tenslotte in dit ziekenhuis. Ik krijg haar direct aan de telefoon en ze roept dat ze vandaag even langs komt. Ik leg haar uit wat er gebeurd is en het huilen staat me nader dan het lachen. Ze spreekt me vermanend toe:

'Hoe is je relatie met de oncoloog? Ben je niet veel te stoer? Kom je wel genoeg voor jezelf op?'

Aarzelend geef ik toe dat het spreekuur wel heel snel gaat en dat ik de helft vergeet te zeggen. Bovendien wie ben ik om met mijn summiere medische kennis een andere behandeling te eisen?

'Doe maar net alsof het werk is. Het is tijd voor een goed evaluatiegesprek, jouw oncoloog is best aardig maar ze is een echte wetenschapster, vaak wat kortaf. Zal ik contact met haar opnemen of doe je dat liever zelf?'

Het lijkt me heerlijk als zij dat voor me doet en ze belooft me langs te komen als ze contact heeft gehad en inderdaad staat ze diezelfde middag weer aan mijn bed. Mijn 'geval' zal in het afdelingsoverleg besproken worden en de oncoloog belt me aan het eind van de week om te overleggen.

Haar voorspelling komt uit, ik voel me na drie dagen 'aan de naald' aanmerkelijk beter en mag de volgende dag naar huis. Niet voordat ik geëist heb dat een dermatoloog naar mijn eczeem kijkt. Dát was de zaalarts vergeten, maar ik heb mijn lesje geleerd. Zoals beloofd belt de oncoloog me thuis en meldt me dat ik een alternatieve chemo behandeling krijg, elke woensdag zes weken lang, dat wel. Ik ben bang dat de aderen het niet houden, ieder chemo kost een ader, zeggen de verpleegkundigen onder elkaar. Alles beter dan die slapeloze nachten, sinds een paar dagen slaap en droom ik gelukkig weer.

Echte vrienden

Mijn vervroegde pensioenfase heeft iets moois, ik heb opeens tijd voor het inplakken van foto's, de landen tellen waar ik geweest ben, mijmeren over wat het leven mij gebracht heeft. Mijn hoofd is alleen gevuld met de dagelijkse zorg rondom het lichaam en het huis. Geen ingewikkelde personeelsproblemen, niet opstaan terwijl het buiten nog donker is, niet zó gehaast zijn dat de lunch tijdens het rijden in de auto genuttigd moet worden. Ik sta een beetje naast het leven en hoewel ik nog niet dood ga, zijn er toch mensen die haast hebben om mij te zien. Ook kennissen die ik jaren niet gezien heb. De echte vrienden gaan voor.

Marijke woont nog in haar ouderlijk huis in Nijmegen, waar ik als kind zo graag kwam. Háár moeder was altijd thuis, ze kwam uit een Noordlimburgse kasteleinsfamilie, waardoor er altijd thee, warme soep of een kroketje was. Vaak zat ze boven de naaimachine gebogen, ze maakte alle kleren voor de kinderen zelf, dat was pure noodzaak. Zij hadden de Libelle, de Margriet en Kuifje, die waren bij ons thuis taboe, dat was geen echte literatuur. Op school zaten we in drie rijen, de rij naast het raam ging naar de huishoudschool, de middelste naar de Mulo en de rij aan de muur ging naar het gymnasium of de HBS. Dat had weinig met intellect te maken, een CITO-toets was er nog niet, als je in het Willemskwartier woonde, de achterbuurt, dan was je gedoemd om naar de huishoudschool te gaan. De nonnenschool 'Johanna de Lestonnac' lag precies op de scheidslijn van een arme en een rijke wijk. Omdat mijn vader bij de universiteit werkte moest ik naar het gymnasium. Marijke ging naar de Mulo, dat was goed genoeg voor een dochter van een arbeider.

Haar toekomstige man ontmoette ze toen wij op vakantie waren op Terschelling, tijdens een oneindig onweer midden in de nacht sloeg de vonk over, ze was negentien. Dat hij uit een zwarte kousengezin kwam, stoorde haar niet, ze was verliefd. Marijke kwam graag bij ons thuis, mijn moeder was altijd op pad naar bridgeclubs, goede doelenverenigingen of lezingen. Er kon veel, er werd niet zo op ons gelet, het huishouden was een rommeltje, mijn moeder was geen huismus.

Ik bleef niet bij mijn toenmalige vriendje, het huwelijk leek mij een gevangenis, toen hij verlovingsringen wilde uitzoeken, vertrok ik naar Amsterdam. Marijke trouwde en kreeg kinderen, onze levens liepen mijlenver uiteen. Ik trok door Nederland met een vrouwencabaretgroep, ging in een woongroep in Friesland wonen en versleet menig vriendje maar wilde me niet binden. Marijke en ik zagen elkaar jaren niet maar er bleef altijd een draadje verbonden via onze buurt. Nadat mijn moeder overleden was, bleef mijn vader alleen achter in het huis; Marijke bezocht hem geregeld en bleef via hem op de hoogte van mijn reilen en zeilen.

Nu de jaren verstrijken komen de herinneringen boven en ontstaat de behoefte om, met die paar mensen die mij al zo lang kennen, jeugdsentiment te delen. Sinds mijn veertigste zie ik Marijke weer, we pakten de draad zo maar op, niets staat ons in weg. Nu ik borstkanker heb wil ze me zien, me troosten en vasthouden. Ook zij is getekend door het leven, haar man heeft last van demonen, hij heeft zondig geleefd zoals zijn moeder hem dagelijks, van kind af aan, voorhield. Het is speciaal om mijn boek, over onze familiegeschiedenis, aan haar te geven. Was het toeval dat ik het nét af had toen de diagnose bij mij gesteld werd, terwijl ik er zeven jaar over gedaan heb? Marijke kent mijn familie maar heeft geen last van de ballast die mijn broers en zussen kwellen.

'Je hebt precies beschreven zoals het was, ik zie de rotzooi in jullie huis en je moeder zo voor me. En die hand van je vader die de rijst en de Spaanse peper door elkaar prakte en zijn vergulde gezicht als hij heerlijk zat te smikkelen.'

We raken niet uitgepraat, omhelzen elkaar stevig, als ze in de trein stapt, beweegt haar mond nog maar ik kan haar niet meer horen. Een Bourgondische zuiderling in het hoge Noorden. Met een warm, aangenaam gevoel loop ik naar de auto en rijdt zingend naar huis.

Als provinciaaltje verhuisde ik naar de grote stad Amsterdam, het avontuur tegemoet. Op het Jongeren Advies Centrum, waar ik stage liep, was ik zo'n beetje de jongste bediende met mijn negentien lentes. Boven in het pand aan de Amstel 30 zaten Tilly de documentaliste, en Ria de boekhoudster. Zij hielden zich aan 'gewone' kantoortijden terwijl de hulpverleners pas om twaalf uur begonnen en de baliediensten voor jongeren met problemen tot één uur 's nachts doorliepen. Het was een wilde tijd, vanuit het JAC ontstond Blijf van m'n Lijf, vrouwen tegen verkrachting, de anti-psychiatrie, de krakersbeweging en de Belangengroep Minderjarigen; de eerste zwartboeken over seksueel misbruik in kindertehuizen werden gemaakt vanaf de stencilmachine van het JAC. Onze salarissen waren genivelleerd, de schoonmaakster verdiende evenveel als de jurist. Het waren romantische tijden met vergaderingen in de kroeg op de hoek van de Kloveniersburgwal, met baby's in wiegjes en kleuters die onder de vergadertafel speelden - niemand die er last van had - en verhitte discussies tot diep in de nacht met veel drank.

Na een paar jaar raakte de hechte groep onderling verdeeld, de idealen maakten plaats voor materiële driften, de agressie op straat en aan de balie nam toe, de open deur voor iedere jongere die een probleem had, was niet meer te handhaven. Ik vertrok met een groep gelijkgezinden naar het Friese platteland om daar een woongroep op te richten, het was eind jaren zeventig. Tilly ging een wereldreis maken met haar nieuwe liefde. Toen ze terug kwam vestigde ook zij zich op het platteland, nabij Meppel. Ik hield me bezig met slopen, timmeren en metselen, het verbouwen van onze enorme boerderij waarin we appartementen en een conferentiecentrum wilden creëren.

Tijd voor werk buiten de deur was er eigenlijk niet, ik had een kleine uitkering en gaf freelance dramalessen.

Ik moest verplicht solliciteren en werd na het eerste gesprek tot mijn schrik aangenomen als educatief werker in een open jongerencentrum, voor veertig uur per week. Tilly had geld nodig en hielp me uit de brand, we deelden een duobaan. We gaven voorlichting over drugs op scholen, hielden ons bezig met de programmering van stichtende films en cultuur voor de jeugd, exploiteerden een oefenruimte voor popgroepen en zwaaiden de scepter over een eetcafé; een sociale ontmoetingsplaats voor verdwaalde jongeren. Legendarisch was het halfjaarlijkse optreden van drs. P. die met zijn koffertje de krakende trap naar de zolder van het pakhuis besteeg en onverstoorbaar zijn repertoire ten gehore bracht. Na anderhalf jaar was de subsidie voor educatief werk op en stonden we weer op straat maar de basis voor een levenslange vriendschap was gelegd.

Als er iemand trouw is nu ik ziek ben, dan is het Tilly wel. Een mooie bijkomstigheid is dat haar geliefde Ab zo'n heerlijke vogel-en natuurkenner is. Een wandeling met hem gaat altijd gepaard met de ontdekking en aanbidding van unieke planten en vogels. Waar anderen tijdens een wandeling in een stevig tempo door het landschap banjeren, staat hij regelmatig stil met zijn verrekijker in de aanslag. Als geboren Achterhoeker heeft hij dat prettige, dorpse, rustige tempo waardoor al je gejaagdheid in één ademstoot vervliegt.

Op gezette tijden klinkt Tilly's opgewekte stem aan de telefoon, zoals de avond na de operatie toen de stilte al om negen uur was neergedaald en ik me afvroeg hoe ik deze nacht door moest komen. Iedere week ontvang ik een belangstellend mailtje of verrast ze me met een onverwacht bliksembezoek. En dan heb ik het niet eens over de handgemaakte bonbons of de kleurrijke veldboeketten die haar bezoek steevast vergezellen. Het unieke van onze vriendschap is dat we beiden gek zijn op reizen en tuinieren. Mijn tuin kan absoluut niet op tegen haar Engelse landschapstuin met uitzicht op de uitlopers van de Weerribben maar wat betreft het reizen zijn we aardig aan elkaar gewaagd. Zij weet als geen ander hoe moeilijk het voor me is om nu 'tussen vier muren' en binnen de grenzen van Nederland te moeten blijven.

De kelder onder het pand aan de drukke winkelstraat in Nijmegen was eigenlijk niet geschikt voor bewoning. Een gat met een rooster, waardoor je alleen de voeten van de voorbijgangers kon zien, zorgde voor het enige daglicht. Gek genoeg woonden er twee frisse meiden uit de polder, Maria en Anja. Er heerste woningnood en menig huisjesmelker verdiende een vermogen aan de verhuur van veredelde kippenhokken en louche kamers voor studenten en gastarbeiders. Maria had het kosthuis bij haar oma in Millingen, waarvandaan ze dagelijks twintig kilometer moest fietsen, ingeruild voor het donkere hok in de binnenstad. We studeerden aan de Kopse Hof, een HBO-opleiding voor creatieve therapie, jongerenwerk en opbouwwerk. Er was volop emplooi in het club-en buurthuiswerk, kindertehuizen, psychiatrische inrichtingen en het vormingswerk voor werkende jongeren. De vakken bestonden voor meer dan de helft uit sport en spel, dramatische expressie, beeldende en muzikale vorming. Er was geld in overvloed voor een complete donkere kamer, video-en filmapparatuur, zeefdrukpers en zelfs een theaterzaal en muziekstudio.

In de kelder van Maria en Anja was het, misschien wel vanwege de duisternis, een komen en gaan van mensen. Er werd druk gitaar gespeeld, deuntjes van Cat Stevens en de Stones werden tot in den treure herhaald, en na het stappen zorgde Maria altijd voor een versterking van de maag.

Onze groep, jaargang '73 – '77, stond bekend als rebels, we werden begeesterd door het elan van het socialisme en feminisme. Enkele mannelijke docenten werden bespot en gehekeld omdat ze zich schuldig maakten aan het verleiden van jonge studentes. Anderen waren van de oude stempel en het was zo lang geleden dat ze in de praktijk gewerkt hadden, dat ze door de studenten aan de kant werden gezet:

'Ga eerst maar weer eens in het werkveld kijken voordat je weer les mag geven!'

We vormden een groep van vijf vrouwen en richtten een vrouwencabaret op, begeleid door een gitariste, pianiste en een geluidsvrouw. We traden op tijdens het eerste vrouwenfestival in het Vondelpark. Met een Mercedesbus, Haidewietska genaamd, toerden we door Nederland, Denemarken en Duitsland. We speelden op de kleinste podia, in een klaslokaal, op scholen, in buurthuizen en theaters. Maria chauffeerde, Anja speelde gitaar, ik zong en acteerde.

Na het afstuderen waaierden we uit naar Amsterdam, Groningen en Friesland en Maria was vaak vierentwintig uur 'on the road' om iedereen op te pikken. Het lukte niet om een nieuwe voorstelling te maken, kleine ruzies leidden tot grote irritaties en we besloten na twee jaar optreden te stoppen, er was geen chemie meer. Anja studeerde inmiddels in Groningen en ik woonde in de woongroep in Friesland.

Ze werd mijn hartsvriendin, we reden samen in mijn antieke Mercedes met staartvinnen door Frankrijk, fietsten op de Mont Ventoux. We zeilden met vier vrouwen over de Noordzee, de schippers in de havens op de Waddeneilanden verontrust achterlatend. We reisden naar Afrika en werden, wonderlijk genoeg, allebei verliefd op een muzikant. Háár man, Mola, is een beroemde Senegalese zanger die de wereld bereist met uiteenlopende improviserende combinaties, de mijne is een entertainer op feesten en partijen. Mola, een man van weinig woorden, Ralph een waterval van ingevingen en anekdotes. Hun bioritme verschilt niet veel, vóór twaalf uur kun je geen van beiden storen. De nacht is van hen, ze hebben de stilte nodig om tot inspiratie te komen.

Anja en ik kunnen eindeloos kletsen over de boeken die we gelezen hebben of die we nog willen lezen. Als we elkaar zien wisselen we hele stapels uit, voor op reis, voor in de trein, voor de troost. Ik kan met haar mijn geheimen, mijn angsten delen, de onmacht een plek geven en ze is er, ondanks een ongelooflijk drukke baan als producer, wanneer het nodig is.

Ik kan niet zonder ze, mijn vrienden.

De meisjes

Beatrijs, Charlotte, Carolien, Ingeborg en Anne heten ze. Vrouwen die sinds de K. in mijn leven zijn gekomen. Ze zijn oedeemtherapeut, oncoloog, yogalerares, medisch psycholoog en radiotherapeut.

'Heeft jouw man ook verstand van Rembrandts?'

Ik lig op de bank, bovenlichaam ontbloot, Beatrijs wrijft over mijn gezwollen arm nadat ze de bloeddoorstroming van de lymfen in mijn hals heeft geactiveerd.

'Hoezo?

'Ralph zat vroeger toch in het antiek? Ik kom bij een heel oude mevrouw, er hangen twee etsen van Rembrandt in haar kamer en ik heb aangeboden iemand te zoeken die er verstand van heeft.'

Beatrijs is een geblondeerde veertiger, moeder en parttime oedeemtherapeut. Terminale patiënten bezoekt ze thuis. Ze is begaan met het lot van de mevrouw van de Rembrandts en heeft bedacht dat zij zich misschien wel een privé-verpleegster kan veroorloven, die haar naar een zachte dood kan begeleiden. Als die Rembrandts veel opleveren... Mevrouw gunt haar kreng van een dochter niks.

Thuis vraag ik aan Ralph hoe dat zit met die etsen, hij denkt dat het zeer onwaarschijnlijk is dat ze echt zijn en bovendien zullen er toch wel minstens vijftig van in omloop zijn. Als ze het echt wil weten moet ze een specialist laten komen. Bij de volgende behandeling vraag ik ernaar, mevrouw heeft ze inmiddels aan haar neefje gegeven, voor het geval dat. Beatrijs heeft mevrouw ook voorzichtig laten weten dat ze moet nadenken over een verpleeghuis want binnenkort zal het alleen niet meer lukken.

Mevrouw blijkt ook nog poppen te hebben, met porseleinen hoofdjes en zijden kleertjes aan. Ze zijn niet antiek maar ze wil graag dat een nieuwe eigenaar van ze houdt. Ralph weet vast wel iemand die ze niet direct in de vuilnisbak zal gooien. Een week later fiets ik met vier poppen, zo'n veertig centimeter hoog, in mijn fietstas naar huis. Mevrouw moest eens weten dat ik nooit van poppen heb gehouden en ook nu kijk ik met enige walging naar de kastanjebruine pijpenkrullen, het asblonde permanent en een gitzwart pagekapsel boven de onschuldige gezichtjes.

Vlak na mijn operatie stond er een goddelijk uitziende meneer aan mijn bed. Hij stelde zich voor als hoofd fysiotherapie en keek me vorsend aan.

'U kunt uw arm weer volledig gebruiken als u er vanaf het begin iets aan doet.'

'Toen ik mijn flamenco-groep zag dansen vroeg ik me af of ik ooit nog zo heerlijk zou kunnen stampen. Op mijn werk had ik me kranig gehouden maar net toen de apotheose van de *Buleria* zijn einde naderde, kwamen al mijn opgekropte emoties eruit en barstte ik in snikken uit.'

'Dan bent u de eerste die gaat dansen met oedeem, zo'n type bent u wel. Sommige vrouwen zitten ineengedoken met hun handen voor hun borst te friemelen, maar u niet!

Denk erom, doe er wat aan, ga naar een fysiotherapeut!'
Verbluft bleef ik achter maar dankzij hem lig ik nu al zeven maanden lang bij Beatrijs op de bank en dat kan nog jaren duren. Binnenkort begin ik aan een 'herstel-en balansprogramma'. Ik, die nooit wilde denken aan fitness omdat ik het zo'n belachelijk gezicht vond, al die mensen, rood aangelopen achter glas, die zich een ongeluk zweten. Beatrijs sleurt me er wel doorheen, daar heb ik alle vertrouwen in.

In de wachtkamer van de groepspraktijk zitten de patiënten met een kopje koffie of thee te wachten op een taxi of tot ze aan de beurt zijn. Als ik mijn jas van de kapstok wil pakken, vraagt een dame met plat Gronings accent: 'Heb jij er ook een borst af, *mien wicht*? Ga je er iets aan laten doen?'

Voordat ik kan antwoorden doet ze haar trui omhoog en laat ze twee keurige borstjes zien boven een enorme hangbuik. Geschokt kijkt een keurige dame de andere kant op.

'Negen ons hebben ze uit mijn ene borst gehaald en je voelt er niks van, het enige wat echt pijn deed, is die getatoeëerde tepel, die hebben ze van mijn oorlellen gemaakt.'

Wanneer Beatrijs haar komt halen knikt ze goedkeurend. Demonstratief doet de dame nogmaals haar trui omhoog en mompelt: 'Wat kan mij het toch schelen, *mien laiverd*, je moet elkaar toch helpen, ja! Ik had er zo genoeg van om met zo'n nepding te lopen, en weet je wat het mooiste is, ik hoef nooit meer een bh te dragen, handig ja.'

Schaterlachend fiets ik naar huis, een reconstructie heb ik voorlopig uit mijn hoofd verbannen, eerst moet ik maar eens van die behandelingen af zijn. 's Nachts word ik wakker uit een droom waarin ik met rechtopstaande, kleine tietjes dans. Ik weet hoe sterk mijn identiteit met mijn borsten is verbonden. Ik ben gehecht aan mijn cup F, al deed ik nooit mee met atletiek omdat de jongens aan de kant riepen:

'Hé jij daar, als je nog een rondje loopt, wordt het vanzelf karnemelk.'

Mijn schuddende tieten leidden steevast tot grote hilariteit en het vergalde mijn zin om te hard te lopen en hoog te springen voorgoed. Op straat en in het zwembad was mijn voorgevel ook altijd reden om mij na te roepen. Ik was wat je noemt vroegrijp, sommige klasgenootjes hadden nog maar twee erwtjes op een plankje. Ik liep zelfs een beetje krom, om mijn borsten te verbergen. Gelukkig kwam aan dit schaamtegevoel een definitief einde nadat ik in Afrika gereisd had, helaas was ik toen de dertig al gepasseerd. Ik was diep onder de indruk van de trotse, zwarte vrouwen die met naakt bovenlichaam kaarsrecht liepen, jong en oud, met gerimpelde borsten, hangend of fier rechtopstaand; die dag in dag uit een enorme vracht met stenen of cement op hun hoofd droegen.

De gedachte aan de mogelijkheid van een bh-loos bestaan laat me niet meer los sinds de Groningse haar truitje omhoog deed.

Op de afdeling medische oncologie werken tien vrouwelijke artsen en één man. Met uitzondering van het hoofd, een struise dame van middelbare leeftijd die miljoenen binnensleept voor onderzoek, zijn ze allemaal jong. Ze hebben sprietige haren, dragen kekke rokjes en glimmende, gehakte laarsjes onder hun witte jas. Het zijn knappe bollebozen die zich jaren hebben begraven boven dikke boeken, het ziekenhuis is hun wereld voor minstens tien uur per dag. Ze krijgen tegenwoordig trainingen over de omgang met patiënten en ieder ziekenhuis heeft zijn eigen communicatielijn. Het UMCG kiest voor de harde, maar duidelijke toon. Ze winden geen doekjes om een moeilijke boodschap. Sommige patiënten willen de waarheid liever niet horen maar het past wel bij mij, ik wil graag precies weten waar ik aan toe ben. De omgeving van de kankerpatiënt is enorm in ontwikkeling. Sinds ik er kom is er een informatiecentrum ingericht waar alle kennis gebundeld is en waar je met al je vragen terecht kunt. Oncologie is verhuisd naar een ultramoderne afdeling; klantgericht, voorzien van trendy lampen, comfortabele banken en vrolijke kleuren. De mooiste aanwinst is de Stee, een relaxcentrum waar de patiënten met hun familie ongestoord kunnen wachten op de volgende behandeling of consult; met ligbanken, grote tv-schermen, computers en hartelijke gastvrouwen - vaak lotgenoten - die je komen verwennen. Je krijgt het gevoel dat je in een wellness-centrum bent beland.

Mijn behandelend arts, Charlotte, is al gepromoveerd en een typische wetenschapster; ze is snel, to the point, op het korte af. Ralph weet haar meestal wel uit haar 'harnas' te jagen door een opmerking over een totaal ander onderwerp, hij is een meester in het scheppen van verwarring. Eén keer troffen we haar bij een concert van Paco de Lucia. Zonder witte jas zag ze er veel jonger uit, ze was opeens een gewone vrouw, onopvallend, meisjesachtig.

Bij oncologie draait alles om 'de bloedwaarden'.

Het vaste protocol is inmiddels routine geworden; eerst aanmelden bij de prikpoli, nummertje trekken, twee buisjes met bloed laten aftappen en dan een half uur wachten op de uitslag. In de wachtkamer zitten de noorderlingen meestal nors voor zich uit te staren, alleen met een Surinaamse familie hebben we uitbundig contact. Hij is een rondbuikige grappenmaker met Amerikaanse baseballpet. Hij heeft een veel jongere vriendin uit Guyana die waakt over zijn papieren en koket door de gangen trippelt en shopt in het winkelcentrum. Ze spreekt nog geen Nederlands, meestal komt zijn dochter mee voor de gesprekken.

Als wij aan de beurt zijn haalt Charlotte ons op, schudt ons de hand, op haar kamer staat de computer ingesteld op mijn medische staat. Als de witte bloedlichaampjes onder de drie zijn, gaat de chemo niet door. Ze zegt op besliste toon: 'Het lijkt ons niet verstandig om vandaag een chemo te geven, we weten niet of jouw lichaam dat nu aankan.'

Wie ben ik dan om daar tegenin te gaan? Mijn chemo's zijn al zeker vijf keer uitgesteld en ik begin eraan te wennen. Ieder lichaam is anders, uniek, zegt ze als ik vraag of dat vaker voorkomt. Ons contact is sinds de tussenkomst van de psycholoog losser geworden, ze neemt meer tijd. Per dag ziet ze wel dertig patiënten, heb ik uitgerekend. Het moet een opgave zijn om elke keer weer een geïnteresseerde en betrokken indruk te maken.

Ik kom door de kou en loop op kousenvoeten de behaaglijke warmte in. Een paar dames zitten in de kleedkamer thee te drinken. In het lokaal liggen de matjes, krukjes en kussens al klaar, alles straalt rust en stilte uit. Een zacht muziekje ruist door de ruimte. De karakteristieke oude rijks hbs heeft lokalen met hoge ramen waardoor veel licht valt en je de wolkenhemel kan zien. De straat zie je niet, vage geluiden van buiten dringen door. Herinneringen aan vroeger, aan mijn middelbare school, overvallen me; de geur van boenwas maar ook het verlangen om zo snel mogelijk weer naar buiten te mogen. Nu vind ik het fijn om binnen te zijn. Caroline neemt haar plaats in en heet ons welkom. Haar zachte stem met Frans accent nodigt ons uit om ons hoofd leeg te maken en de beslommeringen van de dag achter ons te laten.

Ik moest kanker krijgen om op yoga te gaan. Ooit, veertig jaar geleden, heb ik ervan geproefd, samen met mijn moeder die toen overspannen was. De aandacht voor de eenheid van lichaam en geest doet me goed. Caroline heeft een balletlijf, strakke billen onder een bijna holle rug en een opgeheven hoofd met een enorm lange hals, ze straalt gratie en kracht uit. Onze groep bestaat uit een mooie mengeling van jonge studentes en oudere dames.

Wat ben ik stijf. Anderen kunnen moeiteloos minutenlang hun benen achter hun hoofd leggen en bij de balansoefeningen moet ik steeds een voetje bijzetten. Caroline begeleidt ons met tact, oefening baart kunst, ze geeft me geen moment het gevoel dat ik maar een stumper ben.

De ontspanning is goed voor me en ik kan dit tot mijn tachtigste blijven doen. Na de les voel ik me als herboren en zó relaxed en opgeruimd dat ik me voorneem nooit meer van de ene naar de andere afspraak te rennen. De tijd is van mij en van niemand anders.

Vlak nadat ik hoorde dat ik borstkanker had, hoorde ik van een vriendin dat de medisch psycholoog een topdame was en ik zat met dringende vragen. Bij mijn oudste zus werd twintig jaar geleden al een borst geamputeerd net zoals bij de zussen van mijn moeder, bij vier van de zes. Bovendien riep mijn man voortdurend dat hij niet zonder mij kan leven, hoe ga je daar mee om? En moest mijn andere zus zich nu ook laten onderzoeken? Ik belde haar, Ingeborg, en maakte een afspraak terwijl ik nog aan het werk was. We hadden net de diplomering van de leerlingen, ik moest een praatje houden en had mijn feestjurk aan, het was klammig warm. Ik verontschuldigde me voor mijn blote outfit die mij ongepast leek in het ziekenhuis. Ze keek me vorsend aan met haar bruine ogen onder borstelige, zware wenkbrauwen, stelde goede vragen en kwam met bruikbare adviezen.

'Concentreer je op één ding tegelijk, alles op zijn tijd, eerst de operatie, wat daarna komt laat je nog even los. Kan je zus niet voor zichzelf zorgen? Logisch toch dat je man zich zorgen maakt, geef hem de tijd!'

Ik zocht weer contact toen ik een besluit moest nemen over de tweede operatie, ik was bang dat mijn gedachten in cirkeltjes bleven ronddraaien.

Toen Ralph in een depressie dreigde te raken, halverwege mijn behandeling rond de Kerst, de tijd die wij anders óf door de woestijn óf door een tropisch land rondtrokken, zag ik het niet meer zitten. Ik raakte mijn nuchterheid en relativeringsvermogen kwijt; ik begon zelfs te schreeuwen, kreeg hysterische huilbuien. Het kwam uit mijn diepe binnenste omhoog borrelen. Ralph wilde het huis niet meer uit en ik moest en zou naar de film, theater, schaatsen, dinertjes; als ik maar weg kon.

Het lukte me Ralph over te halen mee naar Ingeborg te gaan, terwijl hij over het algemeen niks moet hebben van een psycholoog. Het eerste onderwerp dat ik aansneed was Ralph's passiviteit en zijn neiging om al mijn plannetjes te torpederen. Ingeborg zei: 'Ik hoef bij mijn man ook niet aan te komen met plannen voor weken of maanden vooruit. Dat is echt typisch vrouwelijk om alles van te voren te willen regelen.'

'Ik vind het lastig dat Ralph overbezorgd is, hij wil mij beschermen voor alles wat gevaar zou kunnen opleveren en hij heeft veel meer angsten dan ik.'

'Ik was vroeger een ziekelijk jongetje, mijn moeder hield me vaak thuis van school...' vertelde Ralph.

'Neem me niet kwalijk, hoe oud ben je nu?'

'Drieënzestig.'

'Dan wordt het tijd dat je die moeder overboord zet.'

Door een bevrijdende lach van ons alle drie vloeide alle spanning weg.

'Als hij nu niet steeds in paniek zou raken...'

'Je gaat me toch niet vertellen dat je denkt dat je hem nog kan veranderen, drieënzestig zei je toch? Gun elkaar de ruimte, de ziekte verandert veel maar niet alles. Voor die tijd ging je toch ook overal alleen heen, dat moet je blijven doen, je kan niet op elkaars lip blijven zitten.'

We haalden opgelucht adem.

We zitten allemaal in hetzelfde schuitje, dag in dag uit. Ik zit bij 'Linac Blauw', een van de drie bestralingsapparaten. Vijfentwintig keer, alle werkdagen, lig ik onder een zoemend en piepend apparaat. Om mijn conditie op te peppen, fiets ik iedere dag naar het ziekenhuis, goed ingepakt met muts, sjaal en handschoenen. Voor het fietsenhok staan de witte jassen te roken, in weer en wind. Als ik door de tochtsluis naar binnen ga, slaat de warmte me tegemoet. Honderden mensen lopen gejaagd door de gangen, golfkarretjes met mensen die slecht ter been zijn racen me voorbij, een enkele step vliegt langs me heen. De medewerkers zijn herkenbaar aan het pasje dat op heuphoogte bungelt. Onderweg zie ik het bronzen beeld van de vrouw die omhoog kijkt naar een man die haar vanaf de eerste verdieping iets aanreikt. In hoog tempo loop ik langs de uitstekende balkons waar opgenomen patiënten aan een tafeltje zitten met familieleden, alsof ze op een terrasje aan de borrel zitten. Ik registreer het zonlicht dat door de lichtkoepels valt, loop langs de prikpoli en haast me naar de radiotherapie. Toen ik er voor de eerste keer kwam, keek ik meewarig maar ook bevreesd naar de vaak kale, bleke mensen die er zaten te wachten en nu zit ik er zelf. Alles went. Voor sommige mensen is het een sociëteit geworden, ze drinken gratis koffie en praten zo luid over alles wat ze meemaken, dat iedereen kan meegenieten. Ik behoor tot de groep die op het allerlaatste moment arriveert om de wachttijd zo kort mogelijk te houden.

Anne, de radioloog in opleiding, is piepjong maar ze neemt alle tijd, dat voelt bijna ongewoon. Ze is zeker een meter vijf en tachtig, draagt strakke spijkerbroeken en loopt met grote passen door de wachtkamer. Ze vraagt veel en geeft duidelijk uitleg aan de hand van tekeningen van mijn borstkas, longen en hart. De bijwerkingen van de bestraling zijn vermoeidheid, verkleuring van de huid, het litteken kan open gaan en de straling kan nog twee tot zes weken ná de behandeling doorwerken. De longen kunnen geraakt worden, alles kan... maar wat zal er met mij gebeuren?

Bij de tatoeëring van de herkenningspunten gaat het al mis, de inkt bevat zilver en daar ben ik allergisch voor, waardoor de huid bobbelt en opengaat. In vergelijking met de chemo lijkt de bestraling 'a peace of a cake'. Ik voel er bijna niks van, soms een stekend gevoel alsof je te lang in de zon hebt gezeten. Als de apparatuur geen dienst weigert, sta ik binnen een half uur weer buiten. Ik ben energiek en maak plannen voor de weekends als ik vrij ben van bestraling.

Het venijn zit in de staart. De laatste week wordt de huid vuurrood met bulten die ontzettend jeuken. Anne is onzeker, kijkt in mijn staat, mompelt iets over herpesinfectie en roept de hulp van een dermatoloog in. Hij is een gespierde, jonge vent die me zo stevig vastpakt dat ik bijna van het bed afval. Hij spreekt Anne bestraffend toe over haar diagnose. Ik krijg hormoonzalf voorgeschreven en smeer dat braaf op mijn borstwand maar het helpt niet. Een week na de bestralingen ziet het litteken en de oksel er uit als een eerstegraadsverbranding. Ik dacht een paar weken te zijn verlost van ziekenhuisbezoek maar met lood in de schoenen meld ik me weer. Anne belt een specialistische verpleegkundige, die verstand heeft van windsels en wonden. De keus is aan mij: óf een nieuwe Belgische brandwondengel met Engels pluksel en een verbandshirtje of een cortisteroïde zalf. Omdat de Belgische zalf nieuw is en de werking nog niet bewezen, laten ze mij de keuze. Een voordeel is dat het bedrijf de medicamenten aan huis brengt, ze zijn vierentwintig uur per dag bereikbaar. De gel bestaat uit algen die de bacteriën opeten, Anne zit te surfen op internet en laat mij de site zien. Gezamenlijk besluiten we tot de Belgisch Engelse combi maar ík moet de doorslag geven. Een gekke wereld, de medische fabriek, maar fijn dat Anne zo open en eerlijk is.

De eerste dagen voel ik me als *The English patient*, twee keer per dag moet ik mezelf verbinden en verschonen. Het vlot nog niet zo erg, ik maak me zorgen, lees de bijsluiters en neem contact op met het bedrijf. De verpleegster die ik aan de lijn krijg stelt me gerust en meldt me dat ik behalve het Engels pluksel ook nog vette gaasjes moet gebruiken, ik moet minstens twee weken volhouden om een goed resultaat te krijgen. Tot mijn schrik gaat de brand nog door, terwijl de bestraling al twee weken voorbij is. Eindelijk zie ik de wonden dicht gaan, de etter opdrogen en een nieuw velletje ontstaan, wat een opluchting.

De chirurg die mij heeft geopereerd staat voor het publiek alsof hij nooit iets anders gedaan heeft. Met een vlotte babbel opent hij de avond over de 'psycho-sociale gevolgen van borstkanker'. Alle hulpverleners zijn er, Ingeborg, Charlotte, Anne, Kees en ik herken ook een aantal verpleegsters. Er zitten zo'n driehonderd patiënten met familieleden in de theaterzaal. Er verschijnen wat cijfers over borstkanker op het scherm en de ontwikkelingen van de laatste jaren worden in vogelvlucht gepresenteerd. Wat is er veel veranderd, in de jaren vijftig werd je hele borstkas opengesneden en nog maar tien jaar geleden was de behandeling voor alle patiënten hetzelfde. Nu weten ze zoveel meer; eiwitgevoelig, hormoongevoelig, snelgroeiend, uitzaaiingen, daar hangt alles vanaf. Twee op de vijf vrouwen overleeft borstkanker uiteindelijk niet, hoewel ik dat wel weet, schrik ik er toch weer van. Is het glas halfvol of halfleeg? Ralph is mee, om ons heen zie ik veel vrouwen met vriendinnen, zussen maar ook partners. De hoofdattractie is een theaterstuk met vijf patiënten over wat je overkomt als je borstkanker hebt; ervaringen met artsen, de eerste slechte boodschap, de goedbedoelde vragen van familie en vrienden. De actrices zijn ervaringsdeskundigen van verschillende leeftijden, tussen de vijfentwintig en de zestig. Ik herken veel en zie bij anderen ook tranen over de wangen lopen. Alle clichés komen voorbij: 'Oh, je hebt alleen maar borstkanker, gelukkig maar.' 'Wat zie jij er goed uit zeg, je zou niet zeggen dat je kanker hebt.' 'En... hebben ze al gezegd of je helemaal schoon bent?' 'Chemo? Dan krijg je later toch mooie krullen?'

De mensen beseffen niet dat kanker een diagnose voor het leven betekent. Het komt terug of het komt niet terug, daar is geen voorspelling over te doen.

'Gefeliciteerd, u heeft hormoongevoelige kanker, dat betekent dat u vijf jaar lang hormoonpillen moet slikken.'

De jongste actrice heeft een prachtige stem, zij zit achter de piano en zingt de bijsluiter van *Tamoxifen*, de gevreesde hormoonpil.

'Opvliegers, vaginaal bloedverlies, jeuk in en om de uitwendige schaamdelen, misselijkheid en braken, ijl gevoel in het hoofd, duizeligheid, een gevoel van onbehagen en wazig zien.'

Ze gaat nog even door, iedereen lacht, het is hilarisch maar ik moet nog aan de behandeling beginnen. Ik lach mee als een boer die kiespijn heeft.

Na afloop staan alle zorgverleners op en presenteren zich als multidisciplinair team. Ik ben trots op mijn meisjes.

Schloss Anholt

Eindelijk mag ik weer op pad om paarden te keuren, na negen maanden voelt dat als een feest. Eerst moet ik naar een dekhengst, een 'oude heer' op leeftijd, die de reis naar de jaarlijkse hengstenkeuring in Leeuwarden niet meer kan maken. Hij heeft een trauma aan zijn kootbeen opgelopen waardoor hij blijvend kreupel is. Geen enkele eigenaar wil met zo'n hengst naar de show, want het publiek kan een hengst maken en breken. Brandus 345 heeft zijn sporen al verdiend, met twee goedgekeurde zonen en het sportpredicaat. Hij geeft zijn kwaliteiten voor de dressuur door aan zijn nakomelingen. Iedere hengst die ter dekking staat moet jaarlijks 'geschouwd' worden. Als inspecteurs waken wij ook over het welzijn van de paarden, stel je voor dat de eigenaren een hengst koste wat het kost wil laten doordekken terwijl het dier eigenlijk niet meer kan.

Tijdens mijn ziekteperiode haalde het Fries Paarden Stamboek nog de landelijke pers met het schandaal rond de hengst Rypke 321. De eigenaar, de Friese boer Romke, is net zoals zijn hengst niet meer de jongste. Hij liet de merries stiekem dekken door een andere, niet goedgekeurde, hengst. Voor de merriehouders die meestal heel doelbewust hun keuze maken is dat een ramp. De nakomelingen kunnen niet eens in het stamboek worden opgenomen. Door de standaard DNA-controles die ieder jaar plaatsvinden kwam het delict natuurlijk toch aan het licht.

De meeste dekkingen gebeuren tegenwoordig door Kunstmatige Inseminatie, wat veel hygiënischer en economischer is. Van één sprong kunnen meerdere 'rietjes' verzameld worden die per auto in een koelkistje naar de merries worden verzonden. Rypke was één van de weinige hengsten die nog natuurlijk dekte, omdat hij niet op een bok wilde springen en omdat zijn eigenaar niet aan de eisen voor een KI-station kon voldoen. Het incident veroorzaakte grote verontwaardiging en er werd gespeculeerd dat Romke zich aan het bint zou ophangen. Dat is gelukkig niet gebeurd, de gedupeerde eigenaren van de merries zijn schadeloos gesteld maar Romke laat zich niet meer zien bij evenementen. Hij slijt zijn oude dag in afzondering.

Dat ik nu weer in staat ben op pad te gaan om een hengst te bekijken, geeft mij een overwinningsgevoel, de eerste stap naar 'niet meer ziek zijn' is gezet. Zou het mij gegeven zijn om weer 'de oude' te worden? Drie van de vijf overleven het, zing ik in mezelf. Krijg ik weer genoeg energie om werken en keuren te combineren? Kan ik het nog wel, paarden beoordelen? Ik was er bijna een jaar uit.

We rijden door het landschap, hier en daar kleine, riet gedekte boerderijtjes met een geit op een kist in de voortuin en herkauwende schapen op het land. Af en toe knijp ik

Ralph in zijn been, wilde gedachten jagen net als de wolken aan de hemel, door mijn hoofd. Brandus staat bij Nico Meijer, die de kneepjes van het paardenvak van zijn vader heeft geleerd. Hij verhandelt honderden paarden per jaar. Het bedrijf is gevestigd in de lommerrijke omgeving van Salland, nabij Raalte. Zijn klantenkring bestond vroeger vooral uit kleine, plat pratende keuterboertjes, die de Friese paarden als hobby erbij hadden en hoopten er een extra zakcentje mee te verdienen. Tegenwoordig zijn er veel nieuwe, rijke klanten bijgekomen. Geen paardenmensen maar mensen met paarden, zoals smalend door de 'kenners' wordt gezegd. Het zijn vaak mensen die een Fries paard kiezen als gezelschapsdier voor het gezin. Het unieke karakter van de Fries, erg mak en nooit gemeen, leent zich uitstekend voor 'hobbyboeren'. De Amerikanen zien het zwarte wonder met lange manen en sokken als een statussymbool, bijna als een standbeeld in de tuin.

Ralph en ik rijden het erf op en worden door de vriendin van Nico, Ingeborg, ontvangen. In het washok van de paarden liggen in de hoek een paar bloederige ballen, een jonge hengst is die ochtend net gecastreerd. Ik onderdruk de associatie met mijn afgesneden borst. En Ralph die helemaal geen paardenmens is, hij is zelfs bang voor paarden, kijkt met een pijnlijk gezicht naar de hoopjes vlees en loopt snel door naar de hengstenboxen. Daar staan een zestal jonge dekhengsten in de bloei van hun leven.

Zodra wij de stal binnenkomen hinniken ze luid, schudden hun zwarte manen en schoppen ongedurig tegen de boxwand. Hun enorme halzen rijken ver over de staldeur, ze willen geaaid worden en willen eruit. Ingeborg is een getalenteerde dressuuramazone die vanuit Rotterdam is 'geëmigreerd' en menig hengst naar internationaal niveau begeleidt. De hengsten kennen en ruiken haar. Brandus, de pater familias, wordt uit de box gehaald en we lopen met hem naar het erf. Hij hoeft niet meer te draven met zijn kreupele been, maar moet wel even stappen zodat ik zijn conditie kan bekijken. Hij ziet er nog puik uit voor zijn twintig jaar en heeft nog een aardige groep fans, ondanks de concurrentie van de *jonge heren*. Ik maak aantekeningen en zeg dat ik zal adviseren dat Brandus dit jaar weer een dekvergunning krijgt.

De twee volgende bezoeken betreffen de eigenaren van een 'hengstenmoeder'; die een nieuwe lichting jonge hengsten heeft voortgebracht. Meestal zijn ze pas tweeëneenhalf jaar oud als ze voor de eerste keer gekeurd worden, daarna volgen nog twee selecties. De kwaliteit van de moederlijn is erg belangrijk om mee te nemen, zij produceert tenslotte de helft van de genen. Het eerste adres betreft een man die in onroerend goed doet, hij woont in de Achterhoek in een moderne villa en heeft een paar stallen achter zijn huis gebouwd met aangrenzend een stuk grond. Meneer hoopt natuurlijk dat de jonge hengst die van zijn zestienjarige merrie afstamt goedgekeurd zal worden. Hij zit net op een cursus beoordelen van Friese paarden en denkt er al heel wat vanaf te weten. De merrie heeft een doorgezakte rug en loopt niet meer zo kwiek. Ik schrijf op het formulier dat ze een kort dribbelpasje heeft. De eigenaar kijkt na lezing teleurgesteld maar durft niks te zeggen.

Voor het laatste bezoek moeten we naar het uiterste puntje van Oost-Nederland, vlak bij de Duitse grens. We naderen een oude boerderij met meerdere stallen en bijgebouwen en een binnenplaats met kinderkopjes. Een oude man, met zo te zien zijn kleinzoon, komt net de deur van de keuken uit, beiden op klompen en in overall. Ze praten Achterhoeks en we kunnen ze net verstaan. Hij heeft zijn koeien verkocht en daarvoor in de plaats heeft hij een twintigtal Friesen op stal. Hij moet toch wat te doen hebben, thuis zitten kan hij nog niet. Hij is al 82 jaar en verzorgt de paarden nog in zijn eentje. De hengstenmoeder is een schitterende merrie met een lange hals, een sprekend hoofdje en ze staat hoog op de benen. Een volle zuster staat naast haar, ook een beauty. Na het keuren moeten we natuurlijk even koffie drinken bij moeder de vrouw. Zij is kennelijk pas geleden gepermanent want het haar ligt in stijve krulletjes op haar hoofd. Moeder bestiert streng haar domein, de keuken en het verzorgen van de innerlijke mens. Met de paarden heeft ze niks van doen, dat doet haar man. We komen in een ouderwetse keuken met getengeld behang, een eikenhouten tafel met stoelen en een granieten aanrecht. De koffie is bitter en we krijgen een hele grote beker met een Café Noir. Pa heeft de papieren van al zijn merries op tafel uitgespreid en legt mij uit welke hengsten hij heeft uitgezocht. Dit jaar kon hij helaas niet naar de hengstenkeuring want hij was ziek. De eigenaren willen altijd een dekadvies van een inspecteur en daar moet ik voorzichtig mee zijn. Alle schijn van belangenverstrengeling moet ik voorkomen. Ik praat er een beetje over heen, vraag wat hij belangrijk vindt voor een hengst, want het is heel persoonlijk; wil je een paard met veel manen, een gouden karakter of een met verheven gangen?

Als we van het erf wegrijden voel ik me herboren; door de heerlijke geur van paarden en vers gras, het genot van het rivierenlandschap met knotwilgen op de dijk en de eerste kievieten die een duikvlucht maken, en niet te vergeten door het oude boertje. Dit uitzicht samen met het vertrouwde geronk van de dieselmotor en de geborgenheid van de auto schenken mij de geruststellende gedachte dat 'alles sal reg kom'.

We hebben een hotel geboekt in Duitsland, ik heb het weekend vrij en hoef pas maandagmiddag naar de volgende bestraling. Iedere dag zonder ziekenhuis, wil ik vieren. Net over de grens in een bocht van de Rijn ligt Iburg waar in Schloss Anholt een hotel is gevestigd. Ik heb altijd al een keer in een kasteel willen slapen en de prijs kan me niks schelen. Het laatste hemd heeft geen zakken, zei de moeder van Ralph altijd en die uitspraak koester ik. Hoe optimistisch ik ook ben, de dood is steeds dichtbij. Gedachten aan vrienden, familieleden die er niet meer zijn. Zullen veel mensen aan me blijven denken als ik er niet meer ben?

We krijgen een kamer in één van de ronde torens aan de slotgracht. In de donkere gangen met glimmend parket en dikke tapijten hangen schilderijen van adellijke families. Vanuit het raampje van onze kamer zien we de kasteeltuin met oude bomen, een doolhof en hofvijver. We wandelen op de goed onderhouden paden en verdwalen in het doolhof. Gelukkig staat middenin een trap zodat je kan zien hoe je er weer uit kan komen, want we krijgen honger. We eten in de tuinkamer met zicht op de slotgracht, de eenden en zwanen zwemmen vlak voor ons langs. Het meisje dat bedient heeft een wit schortje voor, zoals Saartje van Swiebertje, ze draagt zwarte, platte schoenen en lacht koket. We stellen vragen waarop ze geen antwoord heeft, ze komt *ganz aus dem Süden*. Ik ben zo euforisch dat ik een hele fles wijn bestel, een Marqués de Caceres, onze favoriete Spaanse wijn, op eikenhout gerijpt. Het eten is lekker maar valt zwaar en de hele nacht lig ik te zweten van de alcohol die door mijn aderen wordt rondgepompt. Ik heb het ervoor over, ik heb me even helemaal beter gewaand.

De volgende dag rijden we naar Emmerich waar we in een ouderwetse *Konditorei Kaffee mit Kuchen* nemen. Ralph glimt van oor tot oor, hij heeft uit de vitrine, die wel acht meter lang is, zijn favoriete gebak uitgezocht. We drinken uit echte porseleinen kopjes en bedenken treurig dat dat in Nederland een uitzondering is geworden. Om ons heen zitten dames met stevige vetrollen rondom hun middel aan hun dagelijkse portie *Kuchen* met een zilveren potje koffie of thee. We kijken uit over de Rijn waar vrachtschepen af en aan varen. *Was ist das Leben doch wunderbar.*

Semana Santa

In de folder wordt het heel aantrekkelijk voorgesteld: een herstel-en balansprogramma met lotgenoten in een opvangcentrum voor (ex)kankerpatiënten. Ik moet er niet aan denken, ik ben dolgelukkig dat het gesjouw naar het ziekenhuis voorbij is en dat ik eindelijk verlost ben van die begripvolle blikken en eindeloze verhalen. Ik stel mijn eigen programma samen; ik ga een fitness programma volgen onder begeleiding van mijn fysiotherapeut en ik ga vier weken naar Spanje, samen met Ralph. Als ik daar goed kan herstellen wil ik voorzichtig 're-integreren' op het werk. Mijn arbo-arts, radioloog en directeur vinden het gelukkig goed, ik heb toestemming; dat voelt gek alsof ik niet meer de baas ben over mezelf.

Het lijkt alsof ik voor het eerst een buitenlandse reis maak. Tijdens de vliegreis kan de arm gaan opzetten dus ik moet mijn lelijke, vleeskleurige armkous aan. Ik wacht in spanning af hoe mijn arm en hand zich houden, maar het valt mee. Het ding knelt en ik zweet er extra van maar als we landen springen de tranen in mijn ogen omdat ik deze mijlpaal heb overwonnen.

Voor de eerste week hebben we een huis gehuurd aan de oostkust, tussen Alicante en Valencia. We rijden door een gebied met oude, wit gepleisterde huizen met indigoblauwe deurposten, stokoude agaves en immens grote aardewerken potten. We hobbelen op een zandweg met kuilen naar het opgegeven adres en stuiten op een smeedijzeren hek voor een oprijlaan met ceders en cactussen. Ze bestaan nog, de goddelijke plekjes op steenworp afstand van de overvolle toeristencentra. Dit kan alleen maar 'oud geld' zijn.

In de jaren zestig, het was nog de Francotijd, ontdekten de Scandinaviërs de Costa Brava. Twee Noors-Amerikaanse zussen erfden een authentieke *finca* van hun vader met een grote lap grond en verhuren twee bungalows met eigen toegang. Lise is de oudste, ze is kunstenares en overduidelijk 'de baas'. Ze draagt een korte broek en een oversized t-shirt, ze bewoont het grootste deel van de boerderij. Elf jaar geleden is ze gescheiden en ze heeft geen zin meer in mannen om zich heen. Haar zus Betsie is hitsig, goed gekleed en met goud omhangen, ze flirt met Ralph. Hij heeft haar een foto gestuurd van de band en de dames vinden dat hij precies op Bob Dylan lijkt. Betsie heeft gisteren, tot genoegen van haar zus, haar Spaanse vriend de deur uitgezet.

'Spaanse mannen zijn onmogelijk', zucht ze, wanhopig naar de hemel kijkend.

'Ze voeren helemaal niks uit in huis, laten alles achter hun kont slingeren en commanderen je alsof het de gewoonste zaak van de wereld is. As je pech hebt, zijn ze ook nog gewelddadig.'

Ralph gooit olie op het vuur door met verve op te

scheppen over zíjn huishoudelijke kwaliteiten.

'De was, het strijkgoed, het eten, ik doe bijna alles in huis.'

Betsie kijkt mij jaloers aan, ik zie dat ze twijfelt of het wel waar is, maar ik beaam dat Ralph de ideale huisman is. 'Maar zij is de kostwinner, dat verandert de zaak!' roept Ralph.

Dat vindt ze gek, haar gezicht spreekt boekdelen. De rest van de week laten de zussen zich niet meer zien, we hebben de bungalow en ons deel van de tuin helemaal privé. Het huis ligt op een heuvel, beneden tikken de witgrijze keien op het strand, de branding werpt de stenen op heuvels langs de kustlijn.

Het terrein is liefdevol ingericht, we zitten veel onder de pergola met rieten dak, van waaruit je over de zee kijkt. Bougainville bloeit op de terrassen, goud geverfde oude olijfstronken staan her en der als stille beelden op wacht. Felgekleurde bloemen omringen ons. Het strandje beneden is meestal verlaten, een paar vissers komen er hun netten uitzetten en in het weekend bivakkeren er Spaanse gezinnen bij hun auto.

Heel langzaam wen ik aan het idee dat ik geen patiënt meer ben, ik hoef niet meer te reageren op vragen, telefoontjes of bezoek. 's Avonds zak ik weg in de heerlijk zachte lakens op het uitstekende bed. We horen alleen de vogels en krekels en af en toe de tuinman. Ralph en ik drentelen als tortelduifjes om elkaar heen. We genieten van het *menu del dia* met wijn en water bij Pedro in het stadje Vilajoyosa dat nog helemaal Spaans is, terwijl het maar twaalf kilometer van Benidorm ligt. Dikke vrouwen met krulspelden en zwart omrande ogen, hangen in strakke leggings voor de deur, luid lachend. Hun mannen zitten met een pilsje in de bar naar een voetbalmatch te kijken en de kinderen rennen 's avonds laat nog gillend door de straten.

Ik schrijf 's ochtends op mijn laptop, op de veranda tuur ik naar de blauwe zee en de vuurtoren uit de vijfde eeuw. Ik doe elke ochtend de zonnegroet en steeds schiet ik vol bij dat wonderlijke gevoel alsof het leven helemaal nieuw is. Ook Ralph lijkt eindelijk tot rust te komen, hij probeert zelfs een boek te lezen. In bijna heel Spanje is het bar slecht weer, de meelevende sms-jes uit Nederland stromen binnen, want daar is het bloedheet. Wij hebben tot nu toe mazzel, we hebben niet voor niks het warmste plekje uitgezocht in het voorjaar. Elke dag wandel ik een stuk verder, de acht strandjes die aan dit dorp grenzen verkennen we te voet, ze liggen verscholen tussen de bergruggen, om er te komen moet je over rotsen klauteren. Op de gele, rotsachtige lemen bodem groeit weinig, af en toe lopen we tussen de resten van terrasbouw met amandelbomen en olijven en verdroogde akkers met hutjes van gevlochten riet die bescherming bieden tegen de moordende zon. De boeren verdienden meer geld aan de toeristen en verlieten hun kostgrondjes. Iedere klim wordt beloond met een schitterend uitzicht; in het zuiden zijn de contouren van Alicante zichtbaar. Als het helder is zien we de torenflats van Benidorm uit het water omhoog rijzen.

Een vriendin van ons, Begonia, is verhuisd van Sevilla naar Alicante, ze had verandering van lucht nodig en als *intensive care* verpleegster kan ze overal aan de slag. Ze woont in een, van buitenaf gezien, onaantrekkelijk flatgebouw maar van binnen is het appartement groot en sfeervol, met glimmende houten vloeren, meerdere logeerkamers en met aan de ene kant uitzicht op zee en aan de andere kant bossen reuzencactussen tegen een bergrug. De huur is schappelijk, ze vertelt dat de economische crisis snoeihard is aangekomen in Spanje. Veel onroerend goed staat leeg, projectontwikkelaars zijn halverwege gestopt met bouwactiviteiten. Hijskranen staan werkeloos bij een spookachtig betonnen skelet.

Het is misschien wel tien jaar geleden dat we Begonia voor het laatst zagen, tijdens *El Rocio*, hét feest tijdens Pinksteren in Andalucía. De *Virgin de la Paloma* wordt dan door een dorpje midden in het natuurgebied *Donana* gedragen. Duizenden mensen trekken erheen met paarden, *Manzanilla* en karren volgeladen met matrassen en eetwaar. We herkenden Begonia meteen zingend en dansend in haar felrode flamencojurk met witte stippen midden in de menigte, bij de overtocht van de barkassen aan de monding van de Guadalquivir. Wat lijkt dat lang geleden. Het valt weer op hoe klein ze is, we omarmen elkaar stevig en praten alle drie door elkaar heen. Wat is ze mooi met haar felle ogen en volle, goedlachse mond.

We wisselen nieuwtjes uit over onze wederzijdse Spaanse vrienden en constateren weemoedig dat we oud worden, niet iedereen is nog in leven. Alfonsa kan na het auto-ongeluk, waarbij ze dronken achter het stuur zat, niet meer praten. Irene, de spil van de vriendenkring, is al weer vijf jaar geleden aan longembolie overleden. We wandelen langs de oneindige boulevard van Alicante, samen met joggers, moeders met kinderen, skaters, en oudere dames op spierwitte gymschoenen. We genieten van Valenciaanse gerechten in een authentieke kroeg, achteraf in een steegje in de binnenstad en drinken te veel. Mannen met hoeden staan ons in de deuropening op te nemen, onverstaanbare grapjes makend tegen de *camarera*. Begonia vertelt dat ze afstand móest nemen van Sevilla, waar het iedere nacht feesten was en er te veel gesnoven werd. Haar vriend, Jesus, was een paar keer in Nederland om videobanden vol XTC te smokkelen. Ze is nog altijd gek op hem. Als we afscheid nemen valt er een stilte. Hoe lang zal het duren voordat we elkaar weer zien? Hoe zal ons leven eruit zien over tien jaar?

Door onze verre reizen van de afgelopen jaren naar Amerika, Indonesië en Afrika kwamen we niet meer in Spanje, terwijl het voor ons gevoel ons tweede vaderland is. Door de malaise in Europees subsidieland, liggen de tijden van uitwisseling met studenten en docenten via mijn werk al weer tien jaar achter ons.

Het voelt of ik thuis ben en nooit ziek ben geweest, Ralph geniet van de praatjes met de mensen op straat, in restaurantjes en winkels en ratelt er lustig op los. De taal klinkt ons als muziek in de oren.

Na ruim een week durf ik het aan om op stap te gaan naar één van de prachtige natuurgebieden die Spanje rijk is. Dat zijn we zo gewend, zonder van te voren te weten waar we zullen slapen en waar we uitkomen. Het enige nadeel zijn de slechte bedden waardoor we soms geradbraakt en met een stijve nek of rug wakker worden. Dit is de tweede grote overwinning na de vliegreis. Ik ben gelukkig nog geen kasplantje die in een hotel geparkeerd moet worden met drie maaltijden per dag, ik kan gaan en staan waar ik wil. Onze relatie is tijdens onze reizen het best.

Zo hebben we elkaar ooit ontmoet.

Spanje is zo groot en heeft zoveel natuur dat je er maanden lang kunt rondtrekken. We hebben de *Sierra de Albaracín* en *Cuenca* uitgezocht. Cuenca met de hangende huizen tegen de spectaculaire, steil oprijzende rotswand staat op de werelderfgoed lijst van Unesco. Het gebied ligt precies in de driehoek Madrid, Valencia en Alicante; tussen La Mancha en Aragon. We willen de oorsprong van de Taag vinden, we weten waar die in zee uitmondt. We hebben ooit de meanderende loop van de Douro gevolgd, van de terrassen met druiven in Portugal tot aan de grens in Spanje. Een gigantisch monument markeert een verbazingwekkend klein stroompje in een kaal rotsachtig gebied. Af en toe stopt er een auto, er wordt een foto gemaakt of groepen sportieve Spanjaarden vertrekken vanaf hier voor een bergtocht. Dat durf ik nog niet, een hele dag de bergen in. We hebben al wel een paar uur gewandeld langs glooiende landerijen omgeven door rode aarde met overal paarse rozemarijn en gele brem in de berm. Cuenca is vergeven van de toeristen want het is *Semana Santa*. De processies zijn hier spectaculair door het eeuwenoude decor en de enorme hoogteverschillen. Tot onze verbazing betalen de dragers van de loodzware beelden tweeduizend euro om bijna twaalf uur onafgebroken door de straten te lopen. Je bent geen echte man als je dat niet gedaan hebt in je leven. Het is prachtig om die aanzwellende spanning te voelen. De vrouwen zijn nog koortsachtig met naald en draad in de weer en leggen de laatste hand aan het goud geborduurde kleed van Jezus. De tranen in het engelengezichtje van Maria lijken net echt. Aandoenlijk zijn de biddende oude vrouwtjes die in de kerk nog even de voeten van Jezus kussen. Voor de kerken staan hordes stoere mannen die oefenen met het dragen van de beelden, zij aan zij. Politiemannen zetten de straten af met dranghekken. Meisjes dartelen in witte kanten jurkjes door de straten en de jongens moeten zich eigenlijk gedragen in hun nette zwarte pakken maar stompen en duwen elkaar. Dit circus draait acht dagen aan een stuk door, nét iets te lang voor de nuchtere Nederlanders die we toch zijn.

We willen niet in de buurt blijven, hoe spectaculair het landschap rondom Cuenca ook is. We vinden een gids waarin een paar herbergen staan in dorpjes met onbekende namen in de volgende Sierra. Daar gaan we op af. Na een dag rijden komen we in de buurt van het plaatsje dat we uitgezocht hebben en bellen de herberg. De man spreekt onverstaanbaar Spaans, het blijkt later een Aragons dialect te zijn. We kunnen er terecht en komen tot de ontdekking dat hier een ander soort opwinding gaande is. De bekerfinale wordt vanavond gespeeld en dat verhoogt de kans op hartinfarcten volgens *El Pais;* Barca speelt tegen Real, *La copa del Rei.* In bar Diezmos hangt een briefje aan de muur met links de namen van de fans die voor Barca zijn en rechts die voor Real. De verliezers betalen de wijn en de ham. Bar Diezmos is hét ontmoetingspunt van het dorp Jabaloyas dat vijfentachtig inwoners telt. De huizen zijn opgetrokken uit grote natuurstenen met enorme houten binten en dateren uit de twaalfde eeuw. Er is geen winkel of postkantoor en ook geen school maar natuurlijk is er wel een bar, én een kerk. Hoe piepklein ook, in ieder gehucht is altijd een bar te vinden. Boodschappen doe je dertig kilometer verderop, je moet dan over een pas van 1600 meter. Een paar keer per week komt er een bestelautootje met brood en cakejes. Naar de kroeg gaan doe je naast de deur, daar kom je iedere dag en dat geldt voor jong en oud. Er zijn twee pensionkamers en ik heb internetverbinding ontdek ik.

In de bar is de opwinding merkbaar, alle stoelen zijn bezet, er wordt veel gedronken, geschreeuwd, gewed en gelachen. Ik tel vijfenveertig mensen, de helft van het totale aantal inwoners, een kwart is vrouw en er zijn zo'n tien kinderen. Achter in de bar staat een man achter een speciaal snijblok waarop een achterpoot van een varken is bevestigd. Zodra het startsein is gegeven begint hij als een gek smalle plakjes rauwe ham te snijden die op bordjes rondgaan. Zelden heb ik mensen zo gulzig zien eten, ze proppen de ham naar binnen alsof ze uitgehongerd zijn. De bordjes zijn in een mum van tijd leeg maar worden steeds weer aangevuld. De meeste mannen zijn te dik, hun buik hangt over de broekriem, en van achter is de bilspleet te zien. Kasper, de barkeeper, is kok, psychiater en burgemeester tegelijk. Hij heeft een donkerblauwe baret op zijn olijke hoofd, een typisch hoofddeksel voor Aragon. Hij hoedt over de goede zeden, schenkt borrels en stuurt mensen naar huis als het te gek wordt.

Tijdens de *Semana Santa* gaat iedere Spanjaard naar zijn geboortedorp om de processies mee te maken, precies zoals in de middeleeuwen. In Jabaloyas gaan de kinderen op paaszaterdag alle huizen langs voor een bijdrage. Ze lopen met een haan onder de arm en worden begeleid door een doedelzak en een fluit en zingen steeds hetzelfde liedje. Aan het eind van de dag hebben ze genoeg om een maaltijd met kip te bereiden die ze gezamenlijk in het dorpshuis opeten.

Dit bijna verlaten dorp in dit gure berglandschap is een ideaal hersteloord voor mij.

's Avonds val ik als een blok in slaap na de frisse wandelingen in de woeste bergen. We maken iedere dag een tocht door het land van Don Quichot en zijn schildknaap Sancho Panza. Al was dat in 1600, er lijkt hier weinig veranderd, op de fourwheeldrives na waarmee de bewoners de kortste route over de bergen rijden. We verkennen de streek totdat we een herberg zien waar we de warme maaltijd kunnen nuttigen. Ze houden hier van stevige kost, schapenbout drijvend in het vet, maar met een glaasje wijn is het goed te doen. Steeds weer klinken we op onze herwonnen liefde en fluisteren dat we van elkaar houden.

Iedere ochtend loopt een flinke schapenkudde door het dorp, de bellen om hun hals rinkelen en wekken ons. We volgen de kudde en ontmoeten een bijna zwarte herder die Marokkaans blijkt te zijn. We wandelen verder bergopwaarts en ik stel Ralph voor een langere tocht te maken. Ik voel me fit en heb het gevoel alles aan te kunnen. De groene hellingen lokken, het lijken begaanbare paden en het is niet koud. Als we halverwege zijn, begin ik op stoom te raken, zwetend, maar in een mooie cadans, rustig in- en uitademend. Ralph raakt achterop en gaat op een grote steen zitten. Ik roep hem maar hij antwoordt niet. Ik loop verontrust naar beneden en zie dat zijn gezicht een vaalbleke kleur heeft gekregen. Hij is benauwd geworden en wil niet verder. De hele vakantie blijft hij klachten houden, durft niet meer omhoog. Net nu ik 'hersteld en in balans' ben, is Ralph aan de beurt.

De stress en de angst mij te verliezen is hem om het hart geslagen.

Arbeid adelt

Na tien maanden ga ik snuffelen, kijken hoeveel uren ik het volhoud om achter elkaar aanwezig te zijn. Ik ben toe aan re-integreren, zo heet dat, herstellen op het werk. Ik moet zorgen dat ik er bij hoor en het tempo van een onderwijsmanager weer aankan. Twee collega's hebben mij het afgelopen jaar vervangen en ze gaan gelukkig nog een tijdje door. Ik begin met twee dagdelen per week. Mijn dagen lijken opeens behoorlijk vol. Naast de fysiotherapie, de dagelijkse fitnessoefeningen en de yoga heb ik de flamenco weer fanatiek opgepakt. Als ik tijdens het dansen in de spiegel naar mijn lichaam kijk, word ik niet blij. Ik ben ook nog eens verreweg de oudste van de groep. Mijn rechterarm is veel dikker, ik krijg hem wel omhoog, maar hoogstens driekwart. Ik sta nog krommer dan ik al deed. Als ik buk tijdens de warming up, gaapt er een gat aan de kant waar mijn prothese zit. Mijn remedie is net te doen of er niks aan de hand is, hard zijn voor mezelf. Zou dat de stem van mijn moeder zijn die in mijn hoofd weerklinkt? Als ik ongesteld was en buikpijn had, zei ze altijd, ga maar even fietsen dan gaat het wel weer over, terwijl vriendinnen van mij thuis mochten blijven en op de bank verwend werden met een kopje warme melk.

'Hoe gaat het nou met je, wat dapper dat je weer meedanst!'

Zien zij ook wat ik in de spiegel constateer? Iedereen prijst me en roept dat ik er zo goed uitzie terwijl ik vind dat mijn vel lubbert en er zijn nieuwe rimpels bijgekomen. Mijn haar krult ineens, dat is een voordeel van chemo. Voor een stijlharige is dat een zegen, 's morgens even de handen door het haar en klaar. Nu mijn haar kort geknipt is, zie ik er tien jaar jonger uit, volgens mijn baas. Moet ik het als een compliment opvatten dat ik er voor mijn kanker veel ouder uitzag?

Vroeger werkte ik gemakkelijk tien uur per dag en rende van hot naar her, ik leed aan tomeloze energie. Ik piepte nooit maar het was me kennelijk ook aan te zien. Ik besteedde weinig tijd aan mijn uiterlijk, dat is nu wel anders. Ik moet iets compenseren, vooral op het werk wil ik er goed uitzien, de collega's letten scherp op mij; hoe houdt ze zich, zie ik ze denken. Het is extra lastig omdat ik net een nieuwe baan kreeg toen ik ziek werd. De docenten kennen mij nog niet maar ik ben wel hun baas. Wat moet ik zeggen als iemand vraagt of ik nog last heb. Meestal zeg ik dat het heel goed gaat, want dan hoef ik er verder niet over te praten. Het gaat goed maar niet top, soms geef ik een eerlijk antwoord.

'Mijn arm is nog wel dik en 's morgens moet ik tijd en rust nemen, ik kan nog niet om negen uur beginnen. Het duurt veel langer voor ik 'toonbaar' ben. Door die hormoonpillen voel ik me nooit helemaal fit en ik sta op met een gigantische opvlieger.'

Ze kijken me meewarig aan en ik ben bang dat ze denken dat ik het niet zal redden, dat ze me niet serieus nemen, had ik maar mijn mond gehouden. Op de gang spreekt een collega me aan.

'Ik doe er van alles aan, yoga, fysiotherapie, ik heb gewichten waarmee ik oefen, rode en blauwe, van twee en van anderhalve kilo. Ik loop elke dag een half uur, ik ben veel fitter dan vroeger.'

'Goh, wat een gedoe, nou ik moet er vandoor hoor, ik moet mijn les nog voorbereiden en ik heb niks in huis voor het avondeten.'

Ze heeft haar belangstelling al verloren, ze wil dit helemaal niet horen. Het gesprek eindigt in het luchtledige. Gewoon zeggen dat het goed gaat scheelt tijd en onzekerheid aan beide kanten, *I better keep my big mouth shut.*.

En dan zijn er nog de mensen die zelf kanker hebben. Soms ken ik ze niet eens maar ze hebben gehoord dat jij ook... Uitgebreide verhalen en vergelijkende vragen over de behandeling, de artsen, het ziekenhuis vuren ze op me af.

'Mijn zus heeft zoiets raars meegemaakt tijdens de chemo, ze waren vergeten om haar van het infuus te halen, werd haar hele arm opgeblazen.'

'Kan je daar nou tegen, dat je iedere drie maanden weer gecontroleerd wordt? En, waarom heb je geen hersteloperatie gedaan, het is toch veel mooier als je geen prothese hebt?'

Het lastige is dat je het moment waarop ze bij je aankomen, niet kan uitkiezen, soms ben ik er wel voor in maar vaak niet. Je wilt iemand niet voor het hoofd stoten door botweg te antwoorden dat je geen zin hebt om naar die verhalen te luisteren, net nu ik aan het re-integreren ben.

En het gekke is, soms vind ik het juist fijn om ervaringen uit te wisselen. Vorige week nog op een feestje, een totaal onbekende vrouw hoorde mij over kanker praten. Ze heeft zelf maagkanker gehad en gaat de benefit Alpe d'Huzes fietsen. We hebben de hele avond bevrijdend gelachen en plezier gemaakt. Ze ziet er fantastisch uit, strak lijf, goeie kop en dat met zo'n story. Ze is voor de dood weggehaald tijdens een galadiner en in avondjurk met loeiende sirenes afgevoerd. Zomaar opeens bleek dat haar maag op springen stond, een enorm gezwel zat klem. Haar avondjurk werd aan stukken gescheurd om er snel bij te kunnen. Niks van zieligheid bij haar, een dijk van een vrouw.

Twee dagdelen per week werken lijkt weinig, maar eerlijk gezegd zou ik niet weten wanneer ik ooit meer aan zal kunnen. Net nu ik aan de beterende hand ben, maak ik me zorgen om Ralph. Sinds we terug zijn van onze Spanjereis heeft hij klachten in de buurt van zijn hartstreek. 's Nachts hoor ik hem zuchten en zie ik hem steeds naar zijn linkerborst grijpen. Hij heeft de neiging op de bank te blijven zitten en piekert veel. Het wordt zo erg dat als ik hem vraag een eindje te gaan wandelen, hij aan het einde van de straat niet verder durft te lopen. Hij moet van mij nu echt naar de dokter en dit keer ga ik met hem mee. Hij is bang voor hypochonder te worden versleten. Hij heeft wel vaker last van pijntjes en beeldt zich dan de meest enge ziektes in.

Onze huisarts neemt de tijd voor ons. Dat mag ook wel, want ik kreeg een paar maanden geleden een excuustelefoontje dat ze mij min of meer vergeten was. De huisarts hoort natuurlijk contact te houden met een kankerpatiënt.

'U heeft ook heel wat meegemaakt de laatste tijd, als man van... Hoe heeft u dat ervaren?'

Ralph mompelt: 'Ik maak me zorgen, kan me niet meer ontspannen en heb vaak pijn in de buurt van mijn borststreek.'

Ze voelt en beklopt hem maar kan niks vinden. Toch stuurt ze hem door naar cardiologie voor een totaalonderzoek. Er zijn gelukkig geen afwijkingen te zien op het cardiogram maar uit de fietstest blijkt dat Ralph een zeer belabberde conditie heeft. Dat heb je van veel op de bank zitten en tv kijken, zeg ik, bijna triomfantelijk. Ik probeer hem te pushen wat meer aan lichaamsbeweging te doen maar dat heeft een averechtse uitwerking. Als kind was hij al geen sporter, hij stond altijd achteraan in de rij. De gymleraar riep dan:

'Jongens, kijk eens naar Ralph, dát is nou een verkeerde houding.'

Ralph heeft een bochel vanwege zijn astma. Hij werd altijd als laatste gekozen en voetballen was niks voor hem. Zijn moeder hield hem vaak thuis als hij weer een aanval had en drukte hem troostend aan haar borst. Ze belde dan naar school dat haar jongen niet kon komen, hij is zó ziek.

Zulke zorgen deel ik niet met mijn collega's, zeker niet nadat ik er bijna een jaar uit ben geweest. De bedrijfsarts adviseert me om langzaamaan verder op te bouwen, tot aan de zomervakantie vijftig procent zodat ik in het nieuwe schoolseizoen voor de helft beter ben. Ik neem me voor de tijd te gebruiken om zo veel mogelijk lesbezoeken af te leggen. Om een beeld te krijgen van de docenten waaraan ik leiding geef, zie ik ze het liefst aan het werk. Ze geven overal les, in lokaaltjes in wijkcentra, in dorpsbibliotheken en zelfs in de gevangenis. Uit ervaring weet ik dat als ik eenmaal helemaal 'in charge' ben, mijn tijd opgeslokt wordt door beleidsnota's, aanbestedingen en honderden mails en dat er voor lesbezoek weinig tijd over zal blijven. Ik krijg een inkijkje in het hedendaagse onderwijs aan anderstaligen en analfabeten. Analfabeten heten tegenwoordig laaggeletterden, taal is de kern van het bestaan van deze afdeling. Mijn bewondering voor het talent en geduld van mijn docenten groeit. De deelnemersgroep bestaat uit een wonderlijke mix van jong en oud, man en vrouw en vele nationaliteiten. Ik maak kennis met jonge Iraakse jongens met baseballpetjes, Somalische vrouwen met veelkleurige gewaden en hoofddoeken, Chinese mannen die al jaren in Nederland wonen maar nog geen woord Nederlands spreken en Russische vrouwen die begeleid worden naar het Staatsexamen Nederlands. Voor degenen die het Latijnse schrift niet kennen, is de spelling van het Nederlands een ware marteling. Het kan jaren duren voordat ze aan de eisen van het inburgeringsexamen voldoen. Ontroerend is te zien hoe dankbaar ze zijn voor de aandacht en de lessen van de docenten. Vaak ben ik tot tranen geroerd en weet dan niet precies of het door mijn herstelproces komt of door het besef wat een geluk ik heb gehad te mogen leren, studeren en in mijn moedertaal te communiceren.

Ik heb het getroffen met mijn nieuwe team en ook met mijn nieuwe baas kan ik het vinden en toch is het zwaar weer aan het werk te zijn. De angst dat het niet gaat lukken ligt op de loer. Wonderlijk genoeg mis ik de innerlijke rust, die ik had toen ik 'alleen maar ziek was'. Ik voel dat ik nooit meer alles kan combineren zoals ik vroeger deed en dat benauwt me. Gelukkig staat de zomervakantie voor de deur, ik kan even tot mezelf komen. Van de weeromstuit boek ik een trip naar New York. Mijn hele leven verlangde ik ernaar om *The Big Apple* te zien. Als ik daartoe in staat ben, ver weg vliegen, dan ben ik niet ziek meer.

Sacha

Deze maand ben ik voor negentig procent beter verklaard maar zo voelt het nog niet. Iedereen trekt aan mij, ikzelf wel het meest. Ik wil weer alles kunnen zoals vroeger. Een paar weken geleden had ik een finctioneringsgesprek met mijn baas. Ze zei plompverloren:

'Ik dacht twee maanden geleden dat je het niet zou redden. Je mag best wat vaker hulp vragen hoor. Je hoeft niet alles alleen te doen.'

Het is waarschijnlijk goed bedoeld maar waarom heeft ze dan nooit gevraagd hoe het ging gedurende de zes maanden dat ik aan het opbouwen was? Ik had geen weerwoord, het gesprek ging als een film voorbij. Ik zat erbij en keek ernaar. Toen ik het mijn dansvriendin vertelde, die hematologisch verpleegkundige is, riep ze:

'Ach, sommige mensen kunnen echt niet over kanker praten, dit is haar manier. Je moet het je niet persoonlijk aantrekken.'

Een collega waarmee ik dikke maatjes ben, snapte niks van de reactie van mijn baas.

'Ze heeft je heel hoog zitten hoor! Waarom vraag je

haar er niet gewoon naar?'

Maar dat is nou net wat ik niet wil. Extra de aandacht vestigen op mijn K. dus geef ik geen kik en loop met verve veel te hard van stapel. Soms kan ik mijn ene been bijna niet voor het andere zetten. Alle ledematen voelen loodzwaar, mijn ogen prikken, mijn huid protesteert. Ik heb nog een netwerklunch met vrouwelijke eenpitters maar ook dat kost me bijna te veel energie. Ik zit wat voor me uit te staren en zou het liefst onder een berg dekens willen kruipen. Een boek lezen is me de afgelopen tijd ook niet gelukt, te moe en te vol in het hoofd.

En denk maar niet dat ik dit aan Ralph zal vertellen want hij zal verontwaardigd roepen dat ik veel te veel doe, en dat ik niet naar hem luister. Hij heeft gelijk, maar ik wil mezelf bewijzen en in mijn hart mis ik de rust die ik had toen ik nog niet werkte. Ik vind het moeilijk om tegen mensen te zeggen dat ik even geen tijd voor ze heb, dat ik alle aandacht aan mezelf moet besteden.

Ik heb weer een controle, de borstfoto is goed, maar ik ben niet euforisch over de goede uitslag want ik heb last van gewrichtspijnen, dat schijnt door de hormoonpillen te komen. De bijwerking staat vermeld in de bijsluiter en mijn arts beaamt dat. Niet zeuren dus, maar ik wil wel blijven wandelen en dat lukt bijna niet meer. Mijn heup doet zeer, ook 's nachts draai ik van de ene op de andere kant. Na drie maanden moet ik naar de röntgenoloog, de controles vallen me steeds zwaarder. In het begin, net na de chemokuren, kon het me niks schelen. Zingend ging ik er heen, alles was beter dan iedere week naar het ziekenhuis. Nu ik een normaal leven leid en mijn kanker zelfs wel eens vergeet, wil ik er niet aan herinnerd worden.

Mijn jeugdige röntgenologe, Anna, geeft me altijd de indruk dat ze zeeën van tijd heeft, dat is een uitzondering op alle andere behandelaars. Door haar aandacht vertel ik haar zomaar dat ik last van mijn heup heb. Ze kijkt er meteen ernstig bij.

'Met jouw voorgeschiedenis wil ik toch wel een botscan laten maken, want uitzaaiingen beginnen vaak bij de heupen.'

Ik schrik me rot. Lang kijkt ze naar mijn litteken waar rode plekjes op zitten en een deuk waar ik een fixe ontsteking had, vlak na de operatie.

'Is er iets niet goed?'

'Als de kanker terug komt, begint het vaak op het litteken, dan zijn er kankercellen achtergebleven.' Ik sta voor het gordijn, halfnaakt met mijn ene hangende borst, cup F.

'Ik ga even bij mijn collega vragen of hij het eens is met de botscan, ga maar achter het gordijn, stel je voor dat er iemand binnenloopt!'

Ik ben zo gewend aan mijn amazonelook dat ik het soms vergeet.

'Wil je de uitslag van de scan telefonisch of zullen we een afspraak maken?'

'Doe maar telefonisch,'

Dan kan ik het tenminste eerst verwerken, denk ik. Na de controle moet ik weer naar het werk. Ik besluit Ralph nog maar niet te bellen, ik vertel het hem liever later als ik hem zie, anders zit hij de hele dag in de stress. Op de fiets welt een diepe snik op, ik moet even gaan zitten, in het Noorderplantsoen vind ik een bank aan de vijver. De fontein sproeit me bijna nat. Even bellen met mijn hartsvriendin Anja, dat helpt.

Aan het eind van de dag fiets ik traag naar huis, ik zal toch niet weer... Aan het gezicht van Ralph zie ik dat er iets is.

'Ik heb een mail van Sacha en Simen, het gaat helemaal fout met Sacha, uitzaaiingen in haar darmen en alvleesklier, je moet de mail maar niet lezen.'

Sacha heeft vier jaar geleden borstkanker gekregen en ze voelde zich, behalve moeheid, goed. En plotseling praten ze over 'onderhoudschemo', perforatie van de darmen en kruipt ze door het huis, geteisterd door pijn en onzekerheid. De man met de hamer slaat hard op mijn hoofd, wakker worden meisje, je bent en blijft een kankerpatiënt, je hele leven. Twee op de vijf overleven het niet! Ik vertel Ralph dat ik een botscan moet hebben. Hij laat het nog niet tot zich doordringen, gelukkig niet.

Simen is schrijver, een Fries *om útens* – die buiten Friesland woont – , zoon van het hoofd van de dorpsschool. Hij heeft sinds de jaren zeventig, naast hun huis in Bussum, nog steeds zijn boerderijtje aan een eeuwenoud dijkje, bij Abbega, in de buurt van Sneek. Zijn proza over wat hem en Sacha overkomt, druppelt via de mail onze huiskamer binnen. Het is ontluisterend, onroerend, niets verbloemend, akelig dichtbij.

Ik zag haar voor het laatst op een feestje van onze gezamenlijke vriendin, ik droeg nog een pruik. Lotgenotenpraat. Ik zie haar voor me toen ze trouwde met Simen, de vrijbuiter, in die prachtige tuin bij het ouderlijk huis in Vorden, zij van goede komaf, hij met zijn hoekige kaken, diep Fries. Sacha: blauwe hortensia's, blauwe jurk, bloemengeur omringde haar. Simen was vroeger altijd op reis, kwam dan ziek thuis met Bilharzia of andere enge tropische ziektes, immer avontuur. Sinds hij zijn muze ontmoette werd hij huisman, want er kwamen kinderen. Zij was veel en hartstochtelijk aan het werk, met haar psychiatrische patiënten, ze was kostwinner, net als ik. Mijn botscan zal ik binnen vier weken krijgen, hebben ze beloofd. 's Nachts denk ik aan Sacha als mijn heup zich weer laat gelden. Ik wil opeens een euthanasie verklaring regelen want onnodig lijden is onmenselijk, voor mij althans. Dat denk ik nu.

Sacha blijft hopen, haar dochter komt terug uit India waar ze een jaar zou werken. Meer mails van Simen getuigen van het ergste, waken, ziekenauto's in de nacht. Zou ze het halen, ja, toch weer naar huis. Liggend in de auto, ondersteund door man en zoon, voor het laatst naar het boerderijtje in Friesland.

En dan weer onzekerheid, opnieuw naar het ziekenhuis, een nieuwe chemo, geen hoop of toch? De artsen blijven doorgaan met behandelen, dat is hun beroep, mensen beter maken. Ik denk aan mijn moeder, die 'gezond' het ziekenhuis in ging maar vol bleek te zitten met kanker. Mijn oom, chirurg, keek mee met een kijkoperatie en waarschuwde mijn vader en mij:

'Dit is een kwestie van weken, niet van maanden, neem haar mee naar huis!'

Haar arts heeft zich er nooit over uitgelaten, hij wilde de haard van de kanker zoeken en zou gewoon zijn doorgegaan om haar dagen achtereen van de ene foto naar het andere onderzoek te slepen. Het ziekbed thuis in de huiskamer duurde niet meer dan vier weken, de onmacht over het naderende afscheid tussen haar en mijn vader was hartverscheurend, ze vonden er geen woorden voor, ze moest het leven loslaten. Mijn heup blijft pijnlijk, de matras lijkt opeens hard. Vooral als ik veel loop gaat het mis. De spanning bouwt zich op, en dan eindelijk de oproep voor mijn botscan. De scan maakt lawaai hebben ze me verteld, ik neem mijn muziekje mee en moet doodstil blijven liggen terwijl een buis heel traag over mijn hoofd en lichaam schuift. Het valt me mee, na een half uur sta ik weer buiten. Ik moet twee weken wachten op de uitslag.

We ontvangen verdrietige berichten over Sacha, balancerend op reserves, glimlachend naar haar kinderen maar verteerd door pijn en nog steeds geen verlossing.

Ik zal op vrijdag om twee uur gebeld worden, Ralph is dan niet thuis want hij moet optreden. Ik ga eerst nog naar het werk maar om negen uur belt Ralph mij in paniek. Het ziekenhuis heeft gebeld, ik krijg de uitslag niet want de behandelend arts is er niet en ze wil mij de uitslag zelf mededelen. Het is net of Ralph zich nu pas realiseert dat het ook mis kan zijn. Nóg een weekend wachten is ondragelijk, nachten woelen en draaien en scenario's uit mijn hoofd proberen te bannen. Een medisch secretaresse begrijpt mij en zal haar best doen om te kijken of een andere arts mij kan bellen. Om twaalf uur krijg ik een telefoontje, geen uitzaaiingen in de botten, wel artrose in de ruggenwervel. Nou ja, daar valt mee te leven denk ik. Het dringt maar langzaam tot me door, dat ik weer 'gewoon' mag doorleven, de ongerustheid kleeft nog weken aan me.

Sacha overlijdt toch onvermijdelijk, Simen beschrijft haar:

'Hoe Sacha er bij ligt. Feeëriek, schilderachtig, ze straalt vrede uit. We kunnen alles tegen haar zeggen, ze laat ons, lijkt zacht te glimmen, Nina heeft haar nagels gelakt.'

In mijn hoofd beuken de laatste woorden van Vasalis:
'En nu nog maar alleen
het lichaam los te laten
de liefste en de kinderen laten gaan
alleen nog maar het sterke licht
het rode, het zuivere van de zon
te zien, te volgen – en de eigen weg te gaan
het werd, het was, het is gedaan.'

New York

Het wil maar niet zomeren, het blijft koud en regenachtig terwijl we verlangen naar buiten eten of luieren in de schaduw met een boek. Stiekem vind ik mezelf zielig, want vorig jaar toen ik ziek was met de chemo's was het stralend weer. De eerste paardenkeuring na één jaar heb ik weer achter de rug. Ik deed tijdens het keuren mijn elastieken armkous om en droeg ook mijn handschoentje maar had 's avonds een dikke hand en een gezwollen arm. Ik stond weer op de grasmat tussen de mannen met bolhoeden, mijn sombrero voelde vertrouwd aan. Het lukte om het keuringsboekje in de rechterhand te houden en ik voelde als vanouds mijn voeten nat worden van de optrekkende dauw. Ik moest wel al om zeven uur de deur uit maar voelde me gelukkig met de geuren van de dageraad en de stille autowegen. Ik werd blij van de dartelende veulens die bij hun moeder weg galoppeerden en genoot van de gespannen eigenaren die mij verwachtingsvol aankeken.

Na de dikke hand komen de rode plekken opzetten die jeuken en hinderlijk zichtbaar zijn. Ik krijg weer exeem, juist aan mijn oedeemhand, en het duurt veel langer voordat de wonden dicht gaan, dat hoort bij oedeem, zeggen ze. 'Geen rozen snoeien, liever niet tuinieren, geen wondjes' echoot het advies van de arts. Rozen zijn mijn lievelingsbloemen en door het werken in mijn moestuin komt mijn geest eindelijk tot rust. Zwemmen in chloorwater wordt ook lastig met mijn huid maar is zo heerlijk voor mijn arm. Mijn fysio zegt dat ik ook droog kan zwemmen, tijdens het journaal bijvoorbeeld. Af en toe ben ik moe van het weerbaar zijn en zit dan stilletjes te janken. Toch maar naar de huisarts voor een zalfje en een pilletje tegen de jeuk. Hij vindt mij dapper en hard voor mezelf, maar wat koop ik daarvoor?

Begin augustus krijg ik uitslag van mijn genenonderzoek, dan zal ik horen of ik drager ben van erfelijke kankergenen. Ik reken er wel op, want we hebben uitgevonden dat vijf van de negen vrouwen van mijn moeders kant borstkanker hebben gehad. De een had nog een aantal jaren te leven, maar een andere tante trok zo laat aan de bel dat er niks meer aan te doen was, haar tepel was al verschrompeld en haar borst ingedeukt.

Ik heb voorlichting gekregen en weet wat de gevolgen zullen zijn als ik drager ben. Er zijn inmiddels twee genen gevonden die borstkanker en eierstokkanker veroorzaken, BRCA (Breastcancer) 1 en BRCA 2. Ben je drager van 1 dan is de kans dat het terugkomt in de andere borst 60 tot 80 % en als je drager bent van 2 dan is de kans op eierstokkanker 40 tot 60 %. Eierstokkanker staat bekend als de *silent killer,* dan staat me nog wat te wachten aan operaties en ziekenhuisbezoeken. Naarmate de datum dat ik uitslag krijg vordert, word ik steeds nerveuzer.

De telefoon brengt goed nieuws, geen drager! De stem van de specialist klinkt hol in mijn oor.

'Over vijf jaar maar weer eens bellen, misschien is er dan een ander gen gevonden, want dat er iets mis is met de celdeling in jouw familie is wel duidelijk maar er is geen relatie met de bekende genen.' Ik ben er stil van en moet weken aan de gedachte wennen, de opluchting komt maanden later. Gelukkig gaan we binnenkort naar New York, dat zal me afleiden.

Wie goed doet, goed ontmoet, zei mijn moeder altijd. Ralph heeft een kennis in New York die hij ooit in 1974 in Peru ontmoette. Hij en zijn toenmalige vriendin zaten net in een overvolle trein toen een Amerikaan in korte broek hen aansprak. Tijdens het instappen had een groep mannen hem volledig beroofd. De buidel die voor zijn buik hing was los gesneden, zijn rugzak eveneens. Ralph en Anna hielpen hem, leenden geld en zorgden ervoor dat hij in Lima aan papieren kwam zodat hij terug kon vliegen naar Amerika, in korte broek. Nu, bijna veertig jaar later krijgt Ralph een mail van Marc die hem via internet heeft opgespoord. Hij heeft een expositie in Nederland en wil graag langs komen met zijn vrouw. Ze zijn allebei klein en gedrongen, zien er Joods uit en hebben onmiskenbaar gevoel voor humor; ze zijn warm, eigenwijs en vol met eigenaardige ideeën. Marc woont nog steeds in New York en nodigt ons uit om hem te bezoeken. Dat aanbod slaan we niet af, hij woont bovenin Manhattan.

Gastvrijheid is een groot goed in Amerika, als we arriveren heeft Marc een maaltijd voor ons klaar gezet en staat hij zelfs zijn slaapkamer aan ons af. Hij ontruimt een lade in de commode voor onze spullen en gaat zelf op een matrasje in de logeerkamer liggen. Zijn vrouw zwerft al weken door Tibet en China en alleen Tucker, zijn trouwe papegaai, houdt hem gezelschap. Het appartement is in de jaren twintig gebouwd en is nog helemaal in de oorspronkelijke Art Deco-stijl, met houten ingelegde vloeren, gekleurde tegels in de badkamer en schitterende, gietijzeren ramen. Aan de muur hangen originele, handgemaakte Tibetaanse Tanga's, de passie van Marcs vrouw, en schilderijen van Marc zelf en van Keith Haring. Een huis om je thuis te voelen.

's Ochtends is Marc al vroeg op pad, hij is een gedreven kunstenaar die allerlei projecten onder handen heeft, al is hij met pensioen. Hij geeft lessen over Shakespeare ten werkt aan Sefardische illustraties. In alle rust ontbijten we en genieten van het uitzicht op een enorm park met hoge bomen en een verwilderd bos, in de verte zien we de Hudson glinsteren. Dit oerbos aan de kop van Manhattan verrast ons. Marc vertelt dat de laatste Indianen nog niet zo lang weg zijn en dat er nog heel lang kleine families leefden. Op straat laten mensen in trainingspak op grote witte gymschoenen hun hond uit en oude Chinezen zitten op een bankje te wachten tot de zonnestralen door het wolkendek schijnen om de herfstige kou te verdrijven. Als we naar de metro lopen, komen we door een Dominicaanse wijk en passeren dames in glimmende leggings die niets verbloemen van hun omvangrijke dijen en billen. Ze lopen wiegend achter de kinderwagen en praten en lachen luid met elkaar. Mannen staan met hun vijven een auto te wassen. In één blok kom je luxe appartementen tegen maar ook armoede en werkeloosheid. In de supermarkt staan jonge mannen in versleten broeken en vertrapte schoenen urenlang te aarzelen bij de schappen. Op straat slenteren ze met de gettoblasters op hun schouder en draaien bachatamuziek. Iedereen spreekt Spaans en de meeste winkels worden door Mexicanen gerund. De toegang tot de metro ligt verscholen tussen twee huizen en ziet er griezelig vies uit. De ingang wordt versperd door dozen van daklozen maar we duiken dapper de diepte in en horen de gierende remmen van de rammelende metro. De stalen balken aan het plafond zijn behoorlijk verroest maar dat valt alleen ons op. Na een paar dagen met de metro reizen is het voor ons ook de gewoonste zaak van de wereld. We zijn de enige 'witten' in de metro maar voelen ons niet bedreigd. We kijken onze ogen uit naar al die boeiende mensen die volkomen opgaan in hun boek of krant, ondanks de drukte. Heerlijk die smeltkroes, elke dag in een andere buurt uitstappen en de hele dag wandelen. Ik ben wel stijf en 's avonds doodop maar vol van opwinding en voel me gedragen door vleugels. De energie van New York werkt aanstekelijk. Overdag bezoeken we musea en bezichtigen bijzondere gebouwen, 's avonds aan de boemel lukt me niet meer, sinds mijn ziekte heb ik minstens negen uur rust nodig.

Na lange wandelingen neerstrijken in een van de schitterende hotels aan Central Park is onze hobby. Daar brengen de obers in jacquet zwierend de cocktails rond en weten na drie dagen nog precies wat we drinken. Kroonluchters van drie bij drie meter verlichten de hal waar continu mensen heen en weer lopen. In New York kan je alleen in hotels naar het toilet, de meeste cafés en winkels hebben zo weinig vierkante meters dat er geen plaats is voor een wc. Zachtjes klinkt Frank Sinatra, real *American* big band muziek zoemt op de achtergrond. We moeten de neiging onderdrukken om te blijven hangen in de heerlijke fauteuils en niet nóg meer Manhattans achterover te slaan, dé cocktail hier. We willen niets missen. Op weg naar het *Financial District* komen we veel politie tegen en massa's jongeren met spandoeken, we naderen *Occupy*, het plein waar het protest tegen de graaicultuur van de banken is begonnen. We gaan op een bankje zitten, we voelen ons verwant en raken in gesprek met een groepje jongeren die woedend zijn en niet van opgeven willen weten. We verzinken in herinneringen aan onze protesten tegen de Vietnamoorlog, de metro in de Nieuwmarkt buurt en de kruisraketten, en aan onze solidariteit met Angela Davis.

Elke avond omhelzen we elkaar omdat we zo blij zijn om springlevend te zijn in deze waanzinnige stad waarop ik meteen verliefd ben geworden. The Empire State Building bezoeken we 's avonds om tien uur, dan hoeven we niet in de rij te staan en kunnen we genieten van de lichtjes, neonreclames en de taxi's die traag door de straten rijden. De volgende dag stortregent het en donkere wolken pakken samen boven de Hudson, tijd voor een bezoek aan The Museum of Natural History. Een enorme drukte omringt ons zodra we de metro uit zijn, veel kinderen en rijen wachtende mensen. We boeken een voorstelling over de sterrenhemel in de ronde bioscoopzaal, dát kun je de Amerikanen wel toevertrouwen, een museum is een beleving, ook voor 'het gewone volk'. Met de stem van Woopi Goldberg en zwaar aanzwellende muziek dalen we af naar het ontstaan van de zon en voelen letterlijk de kracht die vrijkomt uit het gas van de sterren.

We durven zelfs te fietsen, we weten een beetje de weg en de zon schijnt aan een heldere, maar koude hemel. Joggers, fietsers, iedereen lijkt hier te sporten langs de waterkant. We fietsen naar *Ground Zero* en gapen in het grote gat. Onwerkelijk veel vierkante meters, geëmotioneerde mensen om ons heen. Nog even fietsen naar Chelsea waar alle moderne Art Galeries gevestigd zijn in oude pakhuizen en fabrieken. We komen voor Richard Serra, de kunstenaar die huizenhoge ijzeren platen kan laten golven als de zee, immens, indrukwekkend. Voor het laatst pakken we de metro, het opwaaiende stof plakt in onze ogen en longen, het lawaai van de gierende remmen en rails klinkt bijna vertrouwd.

Wat is het mooi om kosmopoliet te zijn.

K,
en nu'
ver-
der